TEXTS AND STUDIES

CONTRIBUTIONS TO
BIBLICAL AND PATRISTIC LITERATURE

EDITED BY

J. ARMITAGE ROBINSON D.D.
HON. PH.D. GÖTTINGEN   HON. D.D. HALLE
NORRISIAN PROFESSOR OF DIVINITY

VOL. V

No. 2. CLEMENT OF ALEXANDRIA: QUIS
DIVES SALVETUR

CLEMENT OF ALEXANDRIA

QUIS DIVES SALVETUR

RE-EDITED TOGETHER WITH AN INTRODUCTION
ON THE MSS. OF CLEMENT'S WORKS

BY

P. MORDAUNT BARNARD M.A.

CHRIST'S COLLEGE CAMBRIDGE

PUBLISHERS
Eugene, Oregon

Wipf and Stock Publishers
199 W 8th Ave, Suite 3
Eugene, OR 97401

Clement of Alexandria
Quis Dives Salvetur
By Barnard, P. Mordaunt
ISBN: 1-59244-832-1
Publication date 8/26/2004
Previously published by Cambridge, 1897

PREFACE.

THE *Quis Diues Saluetur* has met with less than justice at the hands of the editors of Clement of Alexandria: all editions hitherto have been founded on Ghisler's very inaccurate copy printed from Vat. Gr. 623 (16th century). It is now edited for the first time from the Escurial MS. Ω III 19 (11th century), the parent of the Vatican MS.

It was at first arranged that an investigation of the text of the Gospels and Acts used by Clement should accompany this edition of the *QDS*: for this purpose I examined all known MSS. of Clement's writings that are of any importance, and the general results of this examination are given in this number. The Syndics of the University Press have kindly allowed me to defer the publication of the examination of Clement's Quotations from the Gospels and Acts, which will therefore appear in a separate number of Texts and Studies.

I have to thank the Editor of this Series for his continual help and advice: without it this book would probably never have been begun, and would certainly never have been finished. I have also to thank Prof. J. B. Mayor and Dr Henry Jackson for many valuable notes and hints.

To my friend Dr Otto Stählin I am under peculiar obligations, as will be seen by any one who reads my *Introduction*. As he had intended to edit the *QDS*, and is also collecting materials for the edition of Clement in the Berlin Corpus, we have been working on parallel lines. We have kept each other continually informed of anything new which we found; and I can scarcely calculate the extent to which I have benefited by our correspondence. He has been good enough to go over my proof-sheets for me; and as the original collations of some of the MSS. quoted are in his possession, and he has independent collations of others, the value of this service is obvious.

Lastly it is my pleasant duty to acknowledge the unfailing kindness I have received from the Librarians of the libraries which I have visited.

MICKLEHAM,
   DORKING.
     May 1897.

CONTENTS.

		PAGE
PREFACE	. . . .	v
INTRODUCTION ON THE TEXT OF CLEMENT'S WORKS		ix
I	MSS. of the Protrepticus and the Paedagogus . . .	ix
II	Text of the Stromata, Excerpta ex Theodoto, and Eclogae Propheticae	xix
III	Text of the Quis Diues Saluetur	xx
IV	Florilegia	xxviii
THE TEXT OF THE QUIS DIVES SALVETUR		1
NOTES ON THE QDS		39
APPENDIX ON SOME CLEMENTINE FRAGMENTS		47
INDEX OF SCRIPTURE PASSAGES		53
INDEX OF GREEK WORDS		55

INTRODUCTION.

ON THE TEXT OF CLEMENT'S WORKS.

§ 1. MSS. OF THE PROTREPTICUS AND THE PAEDAGOGUS.

By far the most important of the MSS. of the Protrepticus and the Paedagogus is the well-known Arethas Codex in the Bibliothèque Nationale at Paris (Gr. 451: quoted as P). It was written in the year 914 by the scribe Baanes for Arethas, Archbishop of Caesarea in Cappadocia. This codex has been so often described[1], that it is needless to give a description here. The note of the price paid for the MS. is correctly printed in the *Mélanges Graux*, p. 750; it is easily legible with the aid of a glass and runs: ℵℵ κ περγαμ ℵℵ ϛ that is νουμμοις κ περγαμηναι νουμμοις ϛ; the price paid for the parchment is kept separate from the cost of writing. Five quires (8 to 12) of eight leaves each have been lost, containing the first ten Chapters of *Paed.* I and the beginning of Chapter xi as far as πρὸς δὲ καὶ τῆς ἐπιτιμή...

Mutinensis, Gr. 126 (also marked III D 7; quoted as M)[2], was copied from P before these five quires were lost. It belongs to the 10th or 11th century. The two hymns, which are not in P, are added after *Paed.* III; a short fragment has also been inserted here headed Ἐκ τῆς ἐν χαλκηδόνι ἁγίας συνόδου.

---

[1] See Montfaucon, *Palaeogr. Graeca*, pp. 274—277 (with facsimile); von Otto, *Corpus apolog. Gr.* III. p. xxxiii.; Dindorf, *Clem. Alex.* I. pp. v. ff.; and more especially Harnack, *Texte und Untersuchungen*, I. i. pp. 24 ff., and von Gebhardt, *ibid.* iii. 162 ff. A good facsimile in Omont, *Fac-similés des MSS. grecs datés de la Bibliothèque Nationale du ixe au xive siècle*, pl. II.

[2] For description see T. W. Allen, *Notes on Gr. MSS. in Italian Libraries*, pp. 13 f.

This MS. is undoubtedly the Codex Carpensis of Victorius, the editor of the *Editio Princeps*[1] of Clement, which has been supposed to be lost. The evidence is as follows[2].

Victorius in a letter to the Cardinal Marcellus Cervinus, prefixed to his edition of Clement (p. 4), speaks of a *uetustissimum exemplar Protreptici et Paedagogi* lent by Rodulphus Pius antistes Carpensis from his ancestral library to Cervinus for collation[3]. Moreover, Hervetus in a letter addressed to Rodolphus Carpensis, prefixed to his Latin translation of Clement's works[4], describes what is evidently the same codex in a passage which seems to have escaped notice in this connection. On page 4 he says: "A te autem amplissime Cardinalis benigne est suppeditatus is liber qui dicitur προτρεπτικός.... Qui cum nuper editus esset, et aliquot meis amicis visum esset facturum me operae pretium si eum Latine verterem, eam ego provinciam eo suscepi confidentius, quod a tuo exemplari antiquissimo et permultis in eo adiectis Scholiis illustrato adiutus sim." At the end of the Protrepticus and of each book of the Paedagogus Hervetus gives a Latin translation of some of the Scholia found in MP[5].

Cardinal Rodolfo Pio had inherited many valuable MSS. from his uncle Alberto Pio, Principe di Carpi, and among them many which the latter had bought from the heirs of Giorgio Valla for 800 zecchini: the most valuable of these MSS. came into the Estense, probably through the Cardinals Ippolito and Luigi at Rome[6].

There is therefore a considerable probability that the present

[1] Florentiae, 1550.
[2] Allen, p. 3, thinks it probable that the Mutinensis and the Carpensis are identical, but it is perhaps worth while to prove the fact.
[3] The passage is quoted by Dindorf, I. vii.
[4] *Clementis Alexandrini omnia quae quidem extant opera......Gentiano Herveto Aurelio interprete.* Florentiae, 1551.
[5] Dr Stählin, who had also observed the evidence afforded by Hervetus, writes to me with regard to these Scholia: "Nun findet sich unter denselben keine Bemerkung die nicht in M stünde, aber verschiedene die *nur* in M stehen, d. h. Scholien von M rec. z. B. die bei Dind. I. 422, 10—12 und *ibid.* 25—28 mitgeteilten Scholien."
[6] For further details about these MSS. see Coelestinus Cavedoni, "Notizia Letteraria di alcuni codici...che già furono di Alberto Pio Principe di Carpi," in the *Memorie di Religione, di Morale, e di Letteratura*, Serie terza, Tomo xvii. Modena, 1854, and Heiberg, *Beiträge zur Geschichte Georg Valla's und seiner Bibliothek.* Leipzig, 1896.

Mutinensis, which so exactly suits the description of Victorius and Hervetus, is the Codex Carpensis. But Dindorf says[1] that it is clear the Mutinensis is not the codex mentioned by Victorius, as all the MSS. of the Biblioteca Carpensis which passed into the Estense are marked with the note ’Αλβέρτου Πίου καὶ τῶν φίλων, which is not found in this codex. He continues:—" ex quo satis certo colligi posse hunc codicem non ex libris Carpensibus, sed ex Estensibus esse recte monebat Coelestinus Cavedoni, Bibliotecae Palatinae praefectus, qui hujus codicis usum liberalissime mihi concessit." This negative argument is obviously inconclusive.

The Protrepticus begins at the top of fol. 1ᵃ of the original MS.; the table of contents and the concluding pages of the Greek translation of extracts from Firmianus Lactantius *de Sibyllis*, which end the MS., are in a very late hand, on rather different sized parchment, and are certainly later additions; the MS. has been rebound within the last 200 years, and these pages were perhaps added then; there is therefore no possibility of finding the name of Alberto Pio either at the beginning or end of the MS. in its present state. Positive evidence, however, that it did come from the Bibl. Carpensis is fortunately to be had. Cavedoni, in his tract already referred to[2], says "Tutti questi codici (i.e. those bought by Alberto Pio from the heirs of Giorgio Valla) portano segnato in principio tra due lineette nel sommo margine il numero delle carte di che componesi ciascuno di essi." Now our MS. has on the top margin of fol. 1ᵃ the note "292 cart." The Librarian of the Estense and I compared this note of the number of pages with the similar notes in several other MSS. bearing the names of Alberto Pio and Giorgio Valla, and coming from the Bibl. Carpensis; we were both of opinion that these notes were in the same hand and ink. It is therefore, I think, quite certain that this is one of the MSS. inherited by Rodolfo Pio from his uncle, and that it is the Codex Carpensis of Victorius. This conclusion is further supported by the fact that Giorgio Valla published at Venice in 1498 a Latin translation of Athenagoras *de Resurrectione*, a tract which is contained in the Mutinensis.

There is one other point of interest concerning this MS. Schwartz[3] speaks of "nonnulla de Sibyllis," which conclude the

---

[1] Vol. I. pp. vii f. [2] p. 227, note 17. [3] *Texte und Unters.*, IV. i. p. iv.

codex, as being written by two more recent hands. The last two pages, as stated above, are in a very late hand, but the main part of the extracts ἐκ τῶν φιρμιανοῦ λακταντίου τοῦ ῥωμαίου περὶ σιβύλλης καὶ τῶν λοιπῶν is in a hand which does not occur in other parts of the MS., but is written on exactly similar parchment, and begins in the middle of a page. This hand cannot, I think, be placed later than the 11th century, and is, I am convinced, the hand of the scribe of *Med. Laur.* Pl. v. c. 3, the only authority for the Stromata. I saw both MSS. within 48 hours, and also compared this hand of M with Bandini's facsimile of the Laurentian codex. If this identification of hands is correct, it shows that in the 11th century there was a library containing the Protrepticus, the Paedagogus and the Stromata: this would account for extracts from the two latter works being found in the four closely related MSS. Neap. II AA. 14, Ottob. 94 and 98, Monac. 479[1]. Ottob. 98 also contains other extracts from *Protr.* and *Paed.* Stählin (p. 17) shows that these were not copied from any MS. now known to us, and thinks it not impossible that they sprang from the same source as the extracts from the Stromata. He concludes: "es wäre dann der Rückschluss auf eine Handschrift zu machen, in der sowohl Protrepticus und Pädagogus als die Stromata standen." If the scribe of the "de Sibylla" in Mut. 126 was really identical with the scribe of the Florence codex of the Stromata, all these works were to be found near each other in the 11th century[2].

The Florence MS. Bibl. Medic. Laurenziana, Pl. v. c. 24, (F) contains the three books of the Paedagogus and the two hymns. It is assigned to the 11th century, and is composed of 32 gatherings of 8 leaves each (size $9\frac{1}{2}$ in. × $8\frac{1}{4}$ in.; vellum; 19 lines a page; letters hang from lines ruled with blunt point: Scholia written in same hand and ink as text, but with a finer pen). The two centre leaves of gatherings 7 and 16 have been lost,

---

[1] See Stählin, *Beiträge zur Kenntniss der Handschriften des Clemens Alexandrinus*, Nürnberg, 1895, pp. 12 ff.

[2] With regard to these two MSS. Dr Stählin writes to me: "Dass Mut. und Laur. einmal in derselben Bibliothek waren, is ganz unzweifelhaft dadurch, dass die Randbemerkungen, welche sich im Laur. von f. 221ᵃ an finden (cf. Dind. III. 67, 6. 12 u. s. w.), von derselben Hand herrühren wie die mit grünen Tinte in Mut. III D 7 (that is, M rec.). Dass die Hand identisch ist, kann keinem zweifelhaft sein, der beide Schriften gesehen hat."

owing to the binding string cutting through them: the first pair of leaves contained the words βέλη μου to αὐτὴν μονάδα (*Paed.* I viii; Dindorf I 180. 16—182. 21; Potter 138—140); the second pair from στοχαστέον γὰρ to ἐμφαίνει δεσπο- (*Paed.* II vii, viii; Dindorf I 266. 1—268. 8; Potter 204, 205). The same lacunae occur in the following MSS., proving that they are derived from F:—Bodleianus 39 (B), Brit. Mus. Reg. 16 D xvii (R), Paris Bibl. Nat. Gr. 452 and 587[1], Vat. Palatinus Gr. 86 (Pal.), Neapol. II AA 14, Venet. Marc. XI 4 (formerly 652)[2], and possibly the excerpta in Vat. Palatinus Gr. 302[3].

In considering the relations of F and M to P the work done by Harnack and von Gebhardt is most important. Harnack cleared the way by showing that Tatian's *Oratio ad Graecos*, which occurs in M, was once contained in P[4]: von Gebhardt then examined the MS. and arrived at the following conclusions[5]. In the scholia in the margin, two hands can be distinguished; one the hand of Baanes, the scribe of the text; the other the hand of the person who wrote the long scholion beginning δεσμεύων πρὸς ἄμπελον on the last two pages of the MS. (printed in Dind. I xiv f.). This scholion is written in FM opposite the place to which it refers (*Paed.* I v 15 (106)), and is headed Ἀρέθα ἀρχιεπισκόπου. Von Gebhardt thinks that Arethas made a rough draft at the end of his MS., and then copied the scholion out in the margin opposite *Paed.* I v 15, which was in the part

[1] One of these two is no doubt the MS. referred to by Nourry, *Apparatus ad Bibl. max. vet. Patrum*, col. 659.

[2] See Villoison, *Anecdota Graeca*, Venetiis, 1781, tom. ii. pp. 97 and 249.

[3] On these four MSS. see Stählin, *Beiträge*, pp. 7 ff. In *Palat. Gr.* 302 Stählin says an extract from *Paed.* II. viii. is headed ἐν τῷ ἀκεφάλῳ λόγῳ. As the heading of chapter viii. is lost in F, he concludes that these extracts are derived from that MS. But the New College codex (N) (see below, pp. xv. f.) omits the heading of chapter viii.; it seems to me, therefore, quite possible that they are derived from a MS. related to N.

[4] *Texte u. Unt.* I. i. 25 f.

[5] *Texte u. Unt.* I. iii. 162 ff. When I examined the Paris MS. in May, 1894, von Gebhardt's work was unknown to me, and I made the following note, which agrees with his conclusions in every point. "In the scholia common to FMP, two hands can be distinguished in P: one a very neat, fine, small half-uncial, probably by the text-scribe; the other a larger, rougher half-uncial, more like the hand on fol. 402 (i.e. the scholion beginning δεσμεύων πρὸς ἄμπελον). It is thus certain that the scholia in FM must have been copied from P."

xiv INTRODUCTION.

of P now lost: judging from differences in the size and style of the writing, he thinks that the scholia in the second hand were written in the margin by Arethas at various times. It follows of course that F and M, which contain both the text-hand and the Arethas scholia of P, derived these scholia from that MS.[1]

It is a natural inference that the text also of these two MSS. springs from P. As far as regards M this can hardly be doubted. Dindorf's imperfect and often incorrect collation of M has obscured its relation to P. The texts of the two MSS. are practically identical[2], and it may be considered certain that M was copied, probably directly, from P, though the two hymns must have been added from another source.

With regard to F the case is by no means so clear. Dr Stählin now considers that it is descended from P[3]. Against this it can be urged that a scribe might very well take his scholia from a different MS. from that which supplied the text[4]; further, it is strange that F should have deliberately omitted the Protrepticus[5]. In very few instances does F preserve a good reading not found in P: the following are the principal variants in the portions of *Paed.* II, III, which I collated myself[6].

Dindorf I 204. 26 (Potter 155) ἐστί μου ὁ υἱὸς P ἐστιν ὁ υἱός μου F (perhaps corrected according to Gospel text) 215. 17 (165)

---

[1] Dindorf, *Clem. Al.* I. 439—450, gives several scholia as occurring in FM and not in P. This need, however, cause no difficulty, for a later writer, who inserted several tracts of Hesychius and Maximus in the margin of P, frequently erased the original scholia to make room for himself. In all cases I had time to look at, where scholia in FM were not quoted from P, traces of the writing could be seen in that MS. under the Hesychius or Maximus. This late writer sometimes recopied in another place what he erased.

[2] In the portions of *Paed.* II., III., which I collated for the Gospels and Acts quotations, M varies from P only 10 times, and always in very small points. See further the readings of M, which I communicated to Dr Stählin, in his *Beiträge*, pp. 5 f.

[3] *Beiträge*, p. 6.

[4] F does not contain by any means all the scholia found in P.

[5] Dindorf (I. viii.) speaks of F as "amplioris, quantum ex similitudine codicum supra descriptorum colligi potest (i.e. M and P), voluminis fragmentum." I know of no reason for thinking this surmise of Dindorf's to be correct.

[6] Unfortunately Dindorf's collation of F is quite unreliable.

ON THE TEXT OF CLEMENT'S WORKS.

μέγα P μέγαν F (probably rightly)   216. 10 (166) ἄρτον P ἄριστον F 224. 15 (172) φυλάξει P φυλάξῃ F   16 ἔχοι δ' ἂν P ἔχει δὲ F 245. 19 (189) κύριος P ὁ κύριος F   247. 9 (190) τρυβλίῳ PF** τρύβλιον F*   268. 18 (206) εἰς τὸ τρύβλιον P ἐν τῷ τρυβλίῳ F 301. 3, 4 (231) σαλαμὼν (bis) P* σαλομὼν (bis) F   18 (232) μετεωρίζεσθε P μὴ μετεωρίζεσθε F   302. 27 (233) ὄνομα P ὀνόματι F   320. 16 (246) – τὸν πλούσιον F*   328. 27 γυναικὸς a (a blank space) ερας P γυναικὸς, ἀλλ' ἑταίρας F   354. 12 (274) ἐξευρίσκει P ἐξευρήσει F   18 ἀνιαρῶς P ἀνιαρὸς F   359. 7 (277) – ὁ F   390. 11 (301) πολιτευώμεθα P πολιτευόμεθα F.

Some of the readings of F are mere errors, others are such as might easily have been introduced by conjecture. Considering the strong probability that a scribe would take his text from the same MS. from which he took the scholia, there is not sufficient evidence to show that the text of F is independent of P: we must therefore conclude that this MS. is descended from P, though considerably altered by conjectural emendation, or possibly by correction from another MS.[1]

In the first ten chapters of *Paed.* I, where P fails us, the text depends on FM: it is therefore important to prove that these two MSS. are independent of each other. In all the readings quoted above M agrees with P against F; we may therefore reasonably conclude that where P is lost M represents it far more nearly than F does. In my opinion M is older than F, but in any case the above readings prove that the former was not copied from the latter: the following readings show that the converse was not the case. Dindorf I 206 12 (Potter 157) εὔλυτον FP εὔλοιτον M*   300. 23 (231) τῇ ψυχῇ ὑμῶν] ὑμῶν FP ἡμῶν M 302. 18 (232) χάριτι FP χάρητι M   316. 16 (243) ὡς σεαυτόν FP ὡσεαυτὸν M   365. 6 (282) ἔξωθεν FP ἔξω M.

Another MS. which has attracted a good deal of attention is Cod. Oxon. Coll. Novi 139 (N)[2]. It is a paper MS. of the 15th century made up of 272 leaves bound in irregular gatherings.

---

[1] As the entire dependence of F on P has not yet been proved, the readings of F should still be quoted.

[2] The Librarian of New College kindly sent this MS. to the Cambridge University Library in July 1895, that I might examine it at leisure. For a further description see Stählin, *Observ. Crit. in Clementem Alex.*, Erlangae, 1890, pp. 18 f.

xvi   INTRODUCTION.

The contents are: ff. 1ᵃ—45ᵃ Clement's *Protr.*: ff. 45ᵇ—47ᵇ blank: ff. 48ᵃ—118ᵇ *Paed.* II and III: ff. 119ᵃ—122ᵇ blank: ff. 123ᵃ—271ᵇ Anastasius εἰς τὴν πνευματικὴν ἀναγωγὴν τῆς ἑξαημέρου κτίσεως. Fol. 272 is bound outside the last gathering, and appears to have belonged to another MS.: it contains a fragment from *Paed.* II v and vi (Dind. I 255. 10—158. 16: Potter 196—198): *incipit ἐξ αὐτῶν δεῖ explicit παιδαγωγήσεις, αἱ μετὰ*. The writing appears to be of the same date as N, but it is not in the hand of any of the three scribes who worked at the MS. (Quoted as N^fr.)

I propose to deal first with the text of N^fr: the following readings show that it is closely related to N. Dind. I 255. 12 (Potter 196) – ὁ NN^fr   16 καθαρμονίαν NN^fr   255. 20 κιχλισμὸς NN^fr P** κιχλιασμὸς FP*   256. 24 (197) πάντα NN^fr πάντας FP: ἦν NN^fr εἰπεῖν FP   257. 12 (198) κεφ. ε NN^fr κεφ. ϛ FP (this mistake has put all the remaining chapters of book II one wrong in N)   258. 11 ἢ NN^fr ἡ FP.

That N^fr was not copied from N is proved by the fact that the latter omits ἐκπορευέσθω—ἁγίοις μὴ (258. 6, 7: Potter 198), whereas N^fr does not. N was not copied from the MS. to which N^fr belonged, for (255. 10: Potter 196) N has with all other MSS. μέτρον αὐτοῖς καὶ καιρόν, while N^fr has μέτρον καὶ καιρὸν αὐτοῖς. It is safe, however, to conclude that N and N^fr had a near common ancestor.

The facts that N omits *Paed.* I, of which chapters i to x have been lost in P, and that, like P, it does not contain the two hymns, which are found in F and M, naturally suggest that its text is derived from P. This is fully borne out by the similarity of the texts of the two MSS.

Further, N embodies most of the corrections made in the text of P by later hands: witness the following readings, in which P** differs from M and F:

Dind. I 18. 12 (Potter 15) + ἀρρητοφόρια NP**   20. 17 (16) θρησκεύειν P* θρησκείαν NP**   33. 1 (27) μάρπισσα P* μάρπησσα NP**   34. 16 (29) ἰάσωνι P* ἰάσονι NP**   68. 6 (54) ὁρίζεσθαι P ἐργάζεσθαι N and P margin   263. 10 (202) τῶν F τȣ̈των P omit altogether N (evidently thinking the whole word was cancelled)   267. 14 (205) ἀφέωνται FP* ἀφίενται NP**   273. 16 (210) δὴ FP* μὴ NP**   274. 19 (211) ἀπέρρεε FP* ἄπαρε P** ἄπαιρε N   301. 3 (231) σαλαμών P* σολομών NP** but line 4 σαλαμών NP the correction not having been made in the second instance in P   304. 3 (234) παραλυπῴη FP* παραλυποίη NP** 314. 19 and 315. 2 (241) ὄστριον FP* ὄστρεον NP**.

Only five very short scholia are found in N : they all occur also in F and P : but 15 times N has ση in the margin, only occasionally in the same places as similar notes in FP.

That a type of text was current derived from P and omitting *Paed.* I altogether is proved by a 16th century codex in the Bibliothèque Nationale at Paris, numbered Suppl. Gr. 254[1]. A comparison of this MS. with P shows that as far as regards the Protrepticus and books II and III of the Paedagogus it is certainly descended from P, as the tracts of Hesychius and Maximus, which have been written in the margin of P by a 15th century hand, are found in it by the first hand: the margin of *Paed.* I, however, shows no trace of any connection with P. That this book was added from a MS.[2] of the F group, is proved by the lacuna in ch. viii (Dind. I 180. 16— 182. 21; Potter 138—140) occasioned by the loss of two leaves in F. (See the account of that MS. pp. xii f.)

That the whole of book I, and not merely the chapters missing in P, has been supplied is evident, as all through this book only the short scholia written in red in MSS. of the F group are found, and the subscription is written in a style not at all resembling the subscriptions to the other books, but recalling those in R.

A MS. presenting exactly similar features, and no doubt connected with Paris Suppl. Gr. 254, is Ottobonianus 94, described by Stählin (*Beiträge*, p. 9). It has the long lacuna in *Paed.* I, but not the one in *Paed.* II[3].

[1] This is no doubt the MS. of which Nourry says on col. 634 of the *Apparatus ad Bibl. max. vet. Patrum*, Paris, 1703:—" Posteriorem ex Parisini RR. PP. societatis Jesu collegii Bibliotheca R. P. Harduinus pro more suo nobiscum perquam humanissime communicavit." Suppl. Gr. 250 is known to have belonged to the Jesuit College.

[2] That this MS. was closely allied to Mus. Brit. Bibl. Reg. 16 D xvii. (R) is proved by the following instances where a blank space is left in both MSS. Dind. I. 150. 16 (*Potter* 117) – τῷ κυρίῳ καί, 17 – πνεύματι, 20 – αὐτῶν ἐκείνων, 21 – οἱ διυλισμὸν μέν, 22 – κρειττόνων εἶναι, 23 – ἀπὸ τῆς — τῶν χειρόνων, 24 space left blank after ἀνάγκης, 151. 1 – ἡ μετάνοια ἡ. Potter states that similar lacunae occur in Bodleianus 39.

[3] A few readings from the *Protr.* and *Paed.* I. are given in Dind. I. p. x.

xviii   INTRODUCTION.

I think I have shown that there was a type of text derived from P, which altogether omitted *Paed.* I, and that N shows signs of very close connection with P: a comparison of N with N^{fr} has proved that there were one or more intermediate steps between them and P, giving plenty of opportunity for the introduction of divergencies and corrections. We may therefore conclude that N is derived from P corrected, a view with which Dr Stählin, who has collated N, now agrees[1]. I have collated all the quotations from the Gospels and Acts in N, but as it affords no variants of any interest I do not intend to quote its readings.

Dr Stählin mentions as closely allied to N a 15th century MS. preserved at Genoa in the Biblioteca della Congregazione della missione urbana di S. Carlo, and numbered 28. It contains the *Protr., Paed.* II, III and also the *Philocalia* of Origen[2].

MSS. OF *Protr.* AND *Paed.*

[1] *Beiträge*, p. 10.
[2] Stählin, *Beiträge*, p. 11, speaking of this MS., says: "die Verwandtschaft mit N zeigt nicht nur das Fehlen des ersten Buches des Pädagogus, sondern auch das

Dr Stählin also mentions[1] two 16th century MSS. containing the Protrepticus, namely, Monacensis 97 and Valicellianus F. 33. Of these he says "die jedenfalls auf P zurückgehen."

To sum up: where extant, P is the sole authority, though there is a possibility that F may have an independent value: where P is wanting (*Paed.* I i—x and beginning of xi), the text must be based on FM, but it must be borne in mind that M is a very faithful copy of P, while F (if a copy of P) has undergone considerable alteration. Fortunately the collation of P prepared by Dübner for Dindorf is very fairly accurate : Dindorf's readings from F and M I have already stated to be incomplete and untrustworthy.

§ 2. Text of the Stromata, Excerpta, and Eclogae.

These works are preserved only in the 11th century Florence MS.[2], Medic. Laur. Pl. v c. 3 (L), of which the 16th century Paris MS. Suppl. Gr. 250 is a copy. On MSS. containing extracts from these works see Stählin *Beiträge*, pp. 12 ff.

In *Strom.* VIII vi 17 the words Αἱ τῶν ζητήσεων ἔφοδοι καὶ ἀρχαὶ περὶ ταῦτα καὶ ἐν τούτοις εἰσίν are written in L so as to form a heading to what follows, and are not joined to what goes before. At the end of book VIII as at present printed L has the subscription Αἱ τῶν ζητήσεων ἔφοδοι καὶ ἀρχαὶ περὶ ταῦτα καὶ ἐν τούτοις: then an ornamented line, followed by the heading Ἐκ τῶν Θεοδότου κτέ. §§ 17—33 should therefore be considered, not as part of book VIII, but as an independent treatise on the

---

Zusammenstimmen in Kleinigkeiten wie in der Stelle Dind. I. 328. 27, wo beide οὐ γὰρ γυναικὸς......ἔρας lesen." M and P have οὐ γὰρ γυναικὸς a......ἔρας. [Since the above was written Dr Stähn has again examined the Genoa MS. and has obtained ample proof that N was copied from it. The conclusions I have reached concerning the text of N may therefore be taken to apply to the Genoa MS.]

[1] *Beiträge*, p. 11 f.

[2] For description see Dindorf I. p. xvi. f. A facsimile is given in Bandini's Catalogue; in the Palaeographical Society's Facsimiles, Series II. vol. I. pl. 107; and in Vitelli e Paoli, *Collezione Fiorentina di facsimili paleografici*, Fasc. I. tav. x. This MS. was fairly well collated for Dindorf by Joseph Müller. I collated all the Gospels and Acts quotations in April, 1894.

same footing as the Excerpta and the Eclogae. This was the opinion of le Nourry[1] and Bunsen[2]. Zahn[3] rejects this view, taking the words αἱ τῶν ζητήσεων κτέ in § 17 to be "eine den vorigen Abschnitt abschliessende Formel": this is of course rendered impossible by the words occurring again as a subscription at the end of § 33, a fact which has not, I think, been before pointed out. Zahn remarks, however, that in a Syriac MS. of the 8th or 9th century of Theological Extracts (Brit. Mus. Add. 14,533 fol. 137ᵃ: quoted by Zahn, p. 28) an extract from *Strom.* VIII v 16 is introduced by the words "at the end of the eighth book." It seems reasonable to think that Clement never finished Book VIII, ending with § 16, and that at the end of this incomplete book a scribe or editor copied matter found among Clement's notes and possibly collected with a view to the completion of the Stromata.

§ 3. TEXT OF THE QUIS DIVES SALVETUR.

Manuscripts.

Michael Ghisler first printed the *QDS* (in his *In Jeremiam prophetam commentarii*, Lugduni 1623 vol. III, pp. 262—282) very inaccurately from a 16th century MS., Vaticanus Gr. 623 (V); and all subsequent editors reprinted his text, without again examining V, which remained till recently the only known MS. of this homily. Dr Stählin and I had both arranged to re-edit this homily from V, which we had both collated, when he noticed, and kindly communicated to me, the fact that E. Miller, *Catalogue des MSS. grecs de l'Escurial*, p. 485, mentions a homily commencing Οἱ μὲν τοὺς ἐγκωμιαστικοὺς λόγους, the first words of the *QDS*. Through the generosity of Dr Stählin it was arranged that he should give up his projected edition, contenting himself with writing an article[4] showing how far the text could be improved from V and

---

[1] *Apparatus ad Bibl. max. vet. Patrum,* col. 1291.
[2] *Analecta Antenic.* I. p. 184.
[3] *Forsch.* III. 116.
[4] See his *Beiträge*, pp. 21—35, where a description of V will be found. Dr Stählin now agrees with me in assigning it to the 16th, not the 15th century.

ON THE TEXT OF CLEMENT'S WORKS. xxi

other sources, and that I should collate the Escurial MS. This I did in Aug. 1894. A brief examination was sufficient to show that V was copied from the Escurial MS.; the last page but one of the latter has been all torn away except a small strip at the top: the scribe of V carefully copied all the words and letters which remained, leaving blank spaces for what was torn away.

I give here a description of this MS., Scorialensis Ω III 19.

Old Class-marks. III Θ 12 (cancelled); 138 B; IV β 2 (cancelled), in the hand of Nicolas de la Torre[1]. Early Escurial binding of reddish-brown calf, stamped with gridiron with six[2] bars. Parchment: 11th century: 344 pages in gatherings of eight: three extra pages, numbered I, II, III, respectively have been added at the beginning: only in two places can traces of original quire signatures be seen: two numberings of pages; the older, in the bottom right-hand corner, makes 351 pages; it was previous to the last rebinding, during which the numbers were clipped in many places, but subsequent to loss of part of the last page but one, which it does not reckon; the more recent, in the top right hand corner, probably by Nicolas de la Torre, does count the strip left at the top of the last page but one, and makes 345 pages, through numbering two consecutive pages 276, 278[3].

Size of page $10\frac{3}{16}$ in. × $7\frac{1}{8}$ in.; of written part about $8\frac{1}{2}$ in. × $5\frac{3}{4}$ in. 28 lines on a page. The pages were only very slightly clipped in the last rebinding, as can be seen where corners have been turned down; but the margins must originally have been a good deal bigger, as only occasional traces of the quire signatures can be seen.

Three hands can be distinguished (a) ff. 1—224 (b) ff. 225—254ª (c) ff. 254ᵇ—end[4]; all of the same date, as far as I can judge.

[1] A favourite copyist of Philip II., who held the office of "Greek Writer" at the Escurial.

[2] After the time of Philip II. seven and, later still, ten bar gridirons are stamped on the bindings.

[3] This more recent numbering is given in the margin of my text, and is all through the *QDS* one in excess of the true number.

[4] Miller, who examined the Escurial MSS. very hurriedly, only noticed the first of these changes: p. 485, note 1, he says, "Depuis le fol. 225 jusqu'à la fin, l'écriture est plus moderne et appartient au xiiᵉ siècle." I am certain that (c) is not later than (a); (b) has a more modern look, which has misled Miller.

xxii   INTRODUCTION.

The writing hangs from lines ruled with a blunt point on one side only of the parchment.

There are very few corrections: one corrector filled up short lacunae in the Origen, and made one emendation in *QDS* § 31.

The contents are as follows: I blank; II[a] Table of Contents in Greek by Nicolas de la Torre; an older one in Latin; and a recent Latin note pointing out that the 19 homilies on Jeremiah are by Origen. II[b] III blank. ff. 1[a]—90[a] τοῦ ἐν ἁγίοις π̄ρ̄ς ἡμῶν κυρίλλου ἀρχιεπισκόπου ἀλεξανδρείας ἐκ τῆς ἑρμηνείας τῆς εἰς τὸν προφήτην ἠσαΐαν. *incipit* τὰ ἐν ταῖς ἐσχάταις ἡμέραις ἐμφανὲς τὸ ὄρος κ̄ῡ... *explicit* ἡμᾶς δὲ τούτων ἀπάλλαξοι ὁ χ̄ς̄. δι' οὗ καὶ μεθ' οὗ...τῶν αἰώνων ἀμήν[1]. ff. 90[a]—129[a] ἑρμηνεία εἰς τὸν προφήτην δανιήλ[2]. ff. 129[b]—208[a] ἑρμηνεία εἰς τὸν προφήτην ἰεζεκίηλ[3]. *incipit* καὶ ἐγένετο ἐν τῷ τριακοστῷ ἔτει κτέ. (Ez. i. 1) (ad marg. θεοδωρίτου) τισὶν ἔδοξε τὸ τριακοστὸν ἔτος τοῦ ἰωβήλ. *explicit* ἐν ἑκάστῳ τμήματι τρεῖς· ἅπαντα δὲ τὸν κύκλον ὀκτὼ καὶ δέκα χιλιάδων ἔφη. ff. 208[b]—326[b] (really 325[b]) ἱερεμίας, is the only heading to the 19 homilies of Origen on Jeremiah[4]. ff. 326[b]—345[a] (really 325[b]—344[a]), the *QDS* with the heading 'Ομιλία. At the bottom of the last folio, recto, is written in a 15th century hand εἰσὶν ἐν τῇδε τῇ βίβλιῳ τετραδία λε͞ φύλλα τ̄μ.

This MS. belonged to Don Diego Hurtado de Mendoza, whose signature (D. Di°. de M[a].)[5] is found at the bottom of fol. 1[a], and

---

[1] This appears to be an abbreviation of Cyril's work on Isaiah, and is not divided into Books and Orations. The *incipit* occurs vol. iii. col. 68[a] of Migne's edition (Lib. I. Orat. ii.); the *explicit* is the same as in Migne.

[2] This anonymous commentary on Daniel was printed by Cotelerius from this MS., and assigned to Chrysostom, among whose works it is now printed; the title of Cotelerius' book is: *S. P. n. J. Chrysostomi quatuor homiliae in Psalmos, et interpretatio Danielis. Opera nunc primum edita ex MS. codice Regiae Bibliothecae S. Laurentii Scorialensis. Lutetiae Parisiorum ap. L. Billaine.*

[3] This is a catena on Ezechiel, drawn mostly from Theodoret, whose name, among others, occurs several times in the margin. The *incipit* is found in Migne, *Theodoret* ii. col. 816; the *explicit*, col. 1248.

[4] Printed from this MS. by B. Corderius with the title: *S. P. n. Cyrilli Archiepiscopi Alexandrini homiliae XIX. in Jeremiam Prophetam. Antverpiae,* 1648. Corderius' transcript was very carelessly made: in Homily I. alone he omitted 19 lines of the MS., and introduced a mass of changes, emendations and errors.

[5] A facsimile of Mendoza's signature is given at the end of Graux, *Essai sur*

passed with his other books into the Escurial in 1576. There is some Greek scribbling on the last page and in other places in a late hand: this points to its being one of the MSS. which Mendoza obtained from the East while Ambassador at Venice; and it was probably while his library was in that city that the copy of the Origen and Clement, now in the Vatican, was made.

I distinguish this MS. by the symbol S, but in the apparatus criticus to those parts of the *QDS* where there is no fear of confusion with other authorities its readings are given without any symbol.

Those portions of § 42 which are gone from S, through the loss of nearly a whole page, can be to some extent recovered from other sources. Euseb. *HE*. III 23 quotes the story of St John and the young robber, beginning Ἄκουσον μῦθον οὐ μῦθον, and ending τρόπαιον ἀναστάσεως βλεπομένης[1]. Maximus Confessor in his Scholia[2] on Dionysius the Areopagite, Epist. x, addressed Ἰωάννῃ θεολόγῳ ἀποστόλῳ, says: Μέμνηται δὲ τῆς ἐπὶ Δομετιανοῦ ἐξορίας τοῦ ἁγιωτάτου Ἰωάννου...καὶ Κλήμης ὁ Ἀλεξανδρεὺς ἐν τῷ λόγῳ τῷ περὶ Τίς ὁ σωζόμενος πλούσιος. It appears that some one was led by this remark to refer to his Clement, and copied out at the end of his MS. the story referred to; and this extract, preceded by the extract from the Letter of Polycrates to Victor quoted by Euseb. *HE*. III 31, 3, and followed by several from Philo περὶ τῶν ἐκ περιτομῆς πιστευσάντων ἐν Αἰγύπτῳ Χριστιανῶν, is preserved in many MSS. of the Scholia of Maximus, with or without the text of Dionysius[3]: in all these the extract begins with the words ἵνα δὲ ἐπιθαρρήσῃς, that is, a line before the quotation of Eusebius, of whom it is thus proved to be inde-

les origines du Fonds Grec de L'Escurial, in the *Bibliothèque de l'école des hautes études*, vol. 46: in which book a full account of Mendoza's life and library is given, pp. 163 ff.

[1] Several writers who tell or refer to this story apparently depend on Eusebius. For references see Harnack, *Geschichte der altchristlichen Litteratur*, I. p. 316. I have extracted the readings of the MSS. of Eusebius as best I could from the editions of Burton, Laemmer and Heinechen, using the notation of the latter; but it is of course well known that the text of Euseb. is in an unsatisfactory state. See Harnack, *Geschichte*, I. pp. 561 f.

[2] Ed. Corderius, Antverpiae, 1634, vol. II. p. 181.

[3] In AFK the extracts precede, in all other MSS. follow, the Dionysius or Maximus.

xxiv   INTRODUCTION.

pendent. I am in possession of collations of the following MSS. of this extract:

Brit. Mus. Add. 18, 231, fol. 12ª; parchment; A.D. 972 (A)[1].

Florence, Medic. Laurent. v. 32, fol. 217ᵇ; paper; century XV (B).

Vienna theol. graec. 65 olim 49, fol. 117ª; vellum; century XIV (?) (C).

Milan, Ambrosiana H 11 Sup. 2, fol. 212; bombycinus; century XIII (D).

Oxford, Coll. Corp. Chr. 141, fol. 2ᵇ; parchment; century XII (F)[2].

Vatic. gr. 374, fol. 242; paper; century XIII or XIV (G).

Vatic. Regin. 38 fol. 321; parchment; century XI (H).

Florence, Conv. Suppr. 202, fol. 190ᵇ; century X as far as καὶ μετὰ τοῦτο ὑφῆκε (32 19) (I), the rest being supplied by a 15th century hand (I^{suppl}).

Ottob. 362, fol. 1; paper; century XVI (K).

Vienna, theol. graec. 110, fol. 197ᵇ; century X (L).

Oxford, Canon. 97, fol. 221ª; parchment; century XIV (O).

Paris, Bibl. Nat. gr. 440, fol. 177ª; parchment; century XII (P).

Florence, S. Marco 686, fol. 214ª; parchment; century XII (Q).

Vatic. gr. 504, fol. 76; parchment; century XI or XII (R).

Of these I have collated ABDFOPQ; for collations of GHIKR I am indebted to Dr Stählin, of C to Dr F. Wallis, now Bishop of Wellington, N.Z., and of L to Dr Weinberger, of Vienna, through Dr Stählin.

Dr Stählin also mentions[3] as containing the extract Coislin 86 century XII, Moscow 36, century X, and Jerusalem 414, century XVI, but neither of us has obtained collations of these.

About A.D. 860[4] Johannes Scotus Erigena translated, by order of Charles the Bald, the works of Dionysius together with the

[1] Facsimiles of this MS. are given in the *Palaeogr. Soc. Facs.* Series II. vol. I. pl. 28, and in Wattenbach et von Velsen, Heidelberg, 1878, pl. 7; the latter plate is also given in Wattenbach, *Scripturae Graecae Specimina*, Berlin, 1883.

[2] Owing to the loss of two pages, this MS. now only contains the heading, and the first few lines as far as τῆς Πάτμου τῆς νήσου.

[3] *Beiträge*, pp. 31 f. Vat. Gr. 1553 is, I believe, inserted there through a misunderstanding.

[4] See Th. Christlieb, *Leben und Lehre des Johannes Scotus Erigena*, Gotha, 1860, p. 27.

Scholia of Maximus; in this translation he included the Extracts from Polycrates, Clement and Philo, though they are not given in the printed editions of his version. I have used two MSS. of his translation :

Oxford, Ashmolean 1526; vellum; early 14th century.
Cambridge Univ. Library, Ii—3—32, parchment; century XIII.

That Erigena translated from a MS. very nearly akin to O the following readings show:—

Heading, αὐτοῦ HKO *lat.* 33 6, 7 διὰ μέγεθος φύσεως ἐκστάσεως O per magnum natura recessum *lat.* 34 4 ἀπαιτῶ] ἀπέστω O restitue *lat.* 5 – καὶ ἔτι HO *lat.* 7, 8 – καὶ τὸ κεφάλαιον ληστής O *lat.* 35 1 ἐπιλαθόμενος] ἐπιλαβόμενος O accipiens *lat.* 5 ὑπομένω (accent) AHO sustineo *lat.* The cases where the Latin agrees with other evidence are very rare and unimportant: we need not, therefore, trouble further about Erigena's version; but its evidence gives the 14th century O the authority of a 9th century MS.

All these MSS. introduce the extract with the heading:— Κλήμεντος [κλήμηντος GHIR] πρεσβυτέρου Ἀλεξανδρείας [-δρέας H : -δρίας Q] ἡγουμένου [pr. καὶ F] τῆς σχολῆς, [+ περὶ τοῦ ἁγίου ἀποστόλου καὶ θεολόγου εὐαγγελιστοῦ Ἰωάννου P] ἐκ [εἰς C] τοῦ ἐπιγεγραμμένου αὐτῷ [αὐτοῦ HKO : omit G] λόγου· Τίς ὁ σωζόμενος πλούσιος; At the end the following note is added by ABHLOQ: Ταύτης [+ δὲ L] τῆς ἱστορίας μέμνηται [+ καὶ L] Εὐσέβιος ὁ Παμφίλου καὶ Ἰωάννης ὁ [om. Q] ἐπίσκοπος Κωνσταντινουπόλεως [+ ὁ Χρυσόστομος Q]. This note is omitted in CDPR; I have no information on this point about GIK.

Of these MSS., ABCDL form a closely allied group, as is shown by the omission in all five of (34 9—11) δὲ—πληξάμενος. Compare also the following readings 32 8 – τῶν ABCDILP 34 5 καὶ ἔτι καὶ] ἔτι καὶ ABCDLP 35 5 ἂν δέῃ] ἂν δὲ ACDLO αὐτὸς B 10 ἠδύνατο ABDLOP. BD appear to have had a near common ancestor (cp. 32 7, 17, 33 14, 34 9, 35 5, 6) and C goes closely with them (32 15, 33 12, 34 12). L agrees sometimes with A (34 17, 35 8 AI^{suppl}LQ 36 1), sometimes with other members of the group (32 8 σημαινόμενον BL*^{ut uid} P 33 12 BCDL against AP and all other evidence) and sometimes agrees with other MSS. against ABCD (32 20 – τὸ KLQR 33 15).

xxvi INTRODUCTION.

P presents a somewhat curious problem: it is certainly closely allied to the above group (32 2, 8, 10, 15, 20; 33 14, 35 10), but the text has undergone considerable alterations, partly by additions and conjectural emendation (Heading; 31 27, 34 1, 6, 9, 35 9, 36 3), and partly, it appears, by corrections taken from a codex of Eusebius perhaps akin to Paris Gr. 1437 (E[b])[1]. That the scribe of one of P's ancestors had looked up the quotation in Eusebius, a marginal note in the Scholiast-hand at the beginning of the extract in P shows clearly: κεῖται τοῦτο ἐν τῷ β (lege γ) βιβλίῳ τῆς ἐκκλησιαστικῆς ἱστορίας εὐσεβίου. The following are the places where these corrections occur: 33 3 ἐθάδες PS Eus. 34 9—11 ABCDL omit δὲ to πληξάμενος; in P -ενος to μεγάλης and καλόν γε is written over an erasure, and οἰμωγῆς πληξάμενος τὴν κεφαλὴν is added in the margin: it seems probable that the words missing in the archetype have been supplied from a codex of Eusebius: this probability is increased by the readings in the words supplied: δὲ GHIKOQR Eus. cdd. GHO: οὖν Eus. cdd. BCDF[a]F[b]: omit particle P Eus. cdd. AE[a]E[b] ὁ ἀπόστολος τὴν ἐσθῆτα GHIKOQR Eus. cdd. BCDF[a]G: τὴν ἐσθῆτα ὁ ἀπόστολος P Eus. cdd. AE[a]E[b]F[b]HO. 35 4 ἐλπίδας P (ς added later but perhaps 1st hand) and most MSS. of Eus. including AE[a]E[b] 35 14 ἐκκεκαθαρμένην P (but ἐκκε- over erasure) Eus. cod. F[a]. A text thus altered can have but little weight.

The ancient part of I appears also to belong to this group (32 8, 10 but 32 6 καταστήσον IQ).

I[sppl] KQR form another group (32 20, 33 13, 35 2, 13, 15; see also passages quoted below in which GH join this group or part of it).

I[sppl] agrees in many readings[2] with Q; and, if it were not for a few variants difficult to explain (32 4, 9, 16, 33 16, 35 13) K would appear to be copied from R.

G and H incline towards this group (32 15, 16, 33 13, 35 1, 10, 12,

---

[1] A collation of this MS. is given at the end of Burton's edition of Eusebius.

[2] Stählin (*Beiträge*, p. 33) thinks the missing leaves in I were supplied from Q, but the following readings render this almost impossible: 32 20 -τὸ KLQR, but it is in I[sppl] and all other MSS. 33 11 αὐτὸς KQ, αὐτοὺς I[sppl] and all other MSS. 34 15 φυλακῆς Q, προφυλακῆς I[sppl] and all other MSS. 35 10 Q with some other MSS. inserts καὶ before ἀπολογούμενος, but not I[sppl].

ON THE TEXT OF CLEMENT'S WORKS.

36 1): H agrees with R in two noticeable readings (32 16, 35 1) and has several readings not found elsewhere (32 7, 33 15, 34 1, 35 11, 36 1).

O appears to be quite independent, and its text is of some importance.

The importance for the study of the text of Eusebius of settling the reading of the archetype of these MSS. is obvious, and this is my reason for recording their readings so fully. Owing to the shortness of the extract it is impossible to reach definite conclusions about the relations of the MSS., but the cases in which the reading of the archetype can be considered uncertain are few and unimportant.

I now give the readings on which the relations of S, Eusebius, and the extract must be determined.

31 27 ἔτι θαρρῇς S   ἐπιθαρρήσῃς Ex.
32 1 μὲν εἰς σωτηρίας S   μένει σωτηρίας Ex.
    1, 2 μῦθον οὐ μῦθον S Eus.   οὐ μῦθον Ex. (best MSS.).
    4 νόσου S   νήσου Eus. Ex.
    9 καὶ ἐπὶ S   — καὶ Eus. Ex.
    13 παρατίθεμαι S and a few MSS. of Eus.   παρακατατίθεμαι Ex. and most MSS. of Eus.
    16 διετείνατο S   διετείλατο Ex. HR.   διελέγετο Eus. Ex. other MSS.
    — εἶτα S   — ἀπῆρεν S.
33 2 — καὶ ἀπερρωγότες S.
    3 ἐθάδες S Eus.   ἠθάδες Ex. πολλῶν πολυτελῶν S   — πολλῶν Eus. Ex.
    4 αὐτὸν ὑπάγονται S   αὐτὸν ἐπάγονται Eus.   ἐπάγονται αὐτόν Ex.
    7 — ἐκστὰς S.
    11 ἀπόλωλεν S   ἀπολώλει Eus. Ex.
    15 ἐπειδὴ S   ἐπεὶ (or ἐπὶ) Eus. Ex.
    17 σωτήρ S   χριστός Eus. Ex.
35 11 μόνην S Eus.   μόνον Ex.
    12 — ἐγγυώμενος S.

A consideration of these readings suggests that the three authorities are independent of each other; that S is inclined to omit syllables and words and to dittograph letters and words; and that, where S is wanting, the text of Eusebius is slightly more to be trusted than that of the extract.

We have now to calculate how much of § 42 is lost. Fol. 344ᵇ (really 343ᵇ) of S begins [ἀπο]λογούμενος ταῖς οἰμωγαῖς, and the last word left is οὐ at the end of line 7 (οὐ πρότερον ἀπῆλθεν). There are 28 lines a page, the average number of letters in a line is 55½: so that after οὐ 21 lines of S have been lost, equalling about 1155 letters; of these only about 145 are preserved in Eusebius and the extract: so that about 1000 letters, equivalent to about 22 lines of this edition of the *QDS*, have been lost between βλεπομένης and φαιδροῖς γεγηθότες.

§ 4. Florilegia.

Extracts from the *QDS* are preserved in :—

Melissa Antonii, ed. C. Gesner, Tiguri, 1546.

Maximi loci communes, ed. C. Gesner, Tiguri, 1546 and Fr. Combefis, Paris, 1675, tom. II pp. 528 ff. I have collated the Clementine quotations in the Florence MS. (Med. Laur. Pl. vii c. 15, ff. 103ᵇ ff.) of this collection (*See Appendix on Some Clementine Fragments*).

Sacra Parallela, commonly ascribed to Johannes Damascenus. These exist in several recensions, which Professor Loofs has shown to rest on a work in three books[1], of which Book I is preserved in a Paris MS., Coislin. 276, with the title Ἰωάννου πρεσβυτέρου καὶ μοναχοῦ τῶν ἐκλογῶν βιβλίον πρῶτον, and Book II in Vaticanus Gr. 1553 with the title Λεοντίου πρεσβυτέρου καὶ Ἰωάννου τῶν ἱερῶν βιβλίον δεύτερον. Dr Stählin has very kindly collated for me all the passages from the *QDS* preserved in Coislin. 276, and my friend H. Rackham, Esq., Fellow of Christ's College, was good enough to copy out or collate all those in Vat. Gr. 1553 which are noticed in Mai's index to the Authors and Works quoted in this MS. (*Script. uet. nou. Collectio*, Romae 1825, vol. I part iii pp. 69 ff.).

[1] *Studien über die dem Johannes von Damaskus zugeschriebenen Parallelen*, Halle, 1892.

ON THE TEXT OF CLEMENT'S WORKS.   xxix

Of the Sacra Parallela three main recensions are known:

(a) One printed from Vat. Gr. 1236 (century XV) by Lequien in his *Opera S. Joannis Damasceni*, Paris 1712, vol. II pp. 279—790. I have collated all the Clementine passages from an Escurial MS. of the Parallela, which is in almost exact agreement with Lequien's text. (Escurial Ω III 9; parchment; century XI; size, $10\frac{5}{18} \times 8\frac{1}{16}$; gatherings of 8 folia; now 243 ff., but two gatherings have been lost between ff. 38 and 39, as is shown by the original signatures; lost pages contained Lequien 340^c ταλαιπωρίαις to 369^d τὸν διδάσκαλον αὐτοῦ.) These two I quote as Parall. Vat. et Scor.

(b) One preserved in the Codex Rupefucaldinus (now Berol. Phill. 1450). The Clementine fragments preserved in this MS. are printed by Harnack, *Geschichte der altchr. Litteratur*, I pp. 317 ff. (Parall. Rup.).

(c) A third recension is found in Paris reg. 923: for a collation of the QDS passages I am indebted to Dr Stählin (Parall. Paris). A similar recension exists in Marcianus 138, and, as far as I could judge from a somewhat hurried examination, in Matritensis O 5. I had only time to collate a few of the QDS quotations in this MS.[1] (Parall. Matr.). Baroccianus 26 (see Hearne, *Curious Discourses*, vol. II p. 399) contains two fragments from § 40 which appear to be derived from this recension of the Sacra Parallela.

One fragment preserved in various Florilegia may conveniently be noticed here. Maximus 661 Κλήμεντος. Μάλιστα πάντων Χριστιανοῖς οὐκ ἐφίεται τὸ πρὸς βίαν ἐπανορθοῦν τὰ τῶν ἁμαρτημάτων πταίσματα. οὐ γὰρ τοὺς ἀνάγκῃ τῆς κακίας ἀπεχομένους ἀλλὰ τοὺς προαιρέσει στεφανοῖ ὁ θεός. In Leontius Vat. Gr. 1553 f. 119 this fragment has the lemma τοῦ αὐτοῦ, and follows an extract correctly assigned to the QDS (Οὐκ ἀναγκάζει ὁ θεὸς κτέ QDS § 10). In Paris 923 f. 89^a the fragment has the lemma Κλήμεντος ἐκ τοῦ Τίς ὁ σωζόμενος πλούσιος. In Escurial Ω III 9 f. 52^b (= Lequien 393) this fragment is preceded by one commencing τό τε βεβιασμένον (Zahn, *Forsch*. III 53); both are under

[1] Holl, *Sacra Parallela* (Texte u. Unters. XVI. 1), pp. 73 f., shows that Matr. O 5 is a copy of Marc. 138.

the lemma τοῦ θεολόγου. The same MS. has τό τε βεβιασμένον again on f. 191ᵇ, but this time assigned to Θεοτίμος (so Lequien 643). Rupefucaldinus f. 118ᵃ (Harnack, *Geschichte*, I p. 318) gives both fragments with the lemma Κλήμεντος τοῦ στρωματέως. In Lequien 393 the lemma to the two fragments is omitted, but in the *errata* it is given as Κλήμ. στρωμ.

The evidence that the fragment is really Clementine is thus very strong, and the way it is introduced in Vat. Gr. 1553 renders it probable that it belongs to the *QDS*, as the scribe of Paris 923 assumed.

Now, as it exactly sums up the teaching of the story of St John and the young robber, the conclusion is almost inevitable that it comes from that part of § 42 which has been lost between βλεπομένης and φαιδροῖς γεγηθότες, and in that place I have accordingly printed it.

ΚΛΗΜΕΝΤΟΣ ΑΛΕΞΑΝΔΡΕΩΣ

ΛΟΓΟΣ

ΤΙΣ Ο ΣΩΖΟΜΕΝΟΣ ΠΛΟΥΣΙΟΣ.

1. Οἱ μὲν τοὺς ἐγκωμιαστικοὺς λόγους τοῖς πλουσίοις δωροφοροῦντες οὐ μόνον κόλακες καὶ ἀνελεύθεροι δικαίως ἂν ἔμοιγε κρίνεσθαι δοκοῖεν, ὡς ἐπὶ πολλῷ προσποιούμενοι χαρίσασθαι τὰ ἀχάριστα, ἀλλὰ καὶ ἀσεβεῖς καὶ ἐπίβουλοι· ἀσεβεῖς μέν, ὅτι παρέντες αἰνεῖν καὶ δοξάζειν τὸν μόνον τέλειον καὶ ἀγαθὸν θεόν, ἐξ οὗ τὰ πάντα καὶ δι᾽ οὗ τὰ πάντα καὶ εἰς ὃν τὰ πάντα, περιάπτουσι το .... τὸ γέρας ἀνθρώποις ἐν ἀσ .... βίῳ κυλινδουμένοις .... τὸ κεφάλαιον ὑποκείμενον τῇ κρίσει τοῦ θεοῦ· ἐπίβουλοι δέ, ὅτι καὶ αὐτῆς τῆς περιουσίας καθ᾽ αὑτὴν ἱκανῆς οὔσης χαυνῶσαι τὰς ψυχὰς τῶν κεκτημένων | καὶ διαφθεῖραι καὶ ἀποστῆσαι τῆς ὁδοῦ, δι᾽ ἧς ἐπιτυχεῖν ἔστι σωτηρίας, οἵδε προσεκπλήσσουσι τὰς γνώμας τῶν πλουσίων, ταῖς ἡδοναῖς τῶν ἀμέτρων ἐπαίνων ἐπαίροντες καὶ καθάπαξ τῶν ὅλων πραγμάτων πλὴν τοῦ πλούτου, δι᾽ ὃν θαυμάζονται, παρασκευάζοντες ὑπερφρονεῖν, τὸ δὴ τοῦ λόγου πῦρ

Titulus in codice abest: praemittitur tantum Ὁμιλία.
2 δοροφοροῦντες 7—9 περιάπτουσι—τὸ κεφάλαιον] S e codice mutilo ut uid. ductus hunc locum sic habet: περιάπτουσι το (lacuna fere 11 litt.) τὸ γέρας ἀνοῖς | ἐνασ (lac. 12 litt.) βίῳ κυλινδουμένοις (lac. 7 litt.) | τὸ κεφ. quae lacunae sic expleri possunt: περιάπτουσι τὸ <θαυμαστὸν καὶ> τὸ γέρας ἀνθρώποις ἐν ἀσ <ώτῳ καὶ ἐφημέρῳ> βίῳ κυλινδουμένοις, <ὃν ἄγουσι> τὸ κεφ. 10—16 ἐπίβουλοι—ὑπερφρονεῖν] Leontius Vat. Gr. 1553 f. 190   10 περιουσίας] οὐσίας Leont.   ἑαυτὴν Leont.   13 οἱ δὲ S Leont.   προσεκπλήσουσιν Leont.

2 CLEMENT OF ALEXANDRIA.

ἐπὶ πῦρ μετοχετεύοντες, τύφῳ τῦφον ἐπαντλοῦντες καὶ ὄγκον πλούτῳ προσανατιθέντες βαρεῖ φύσει φορτίον βαρύτερον, οὗ μᾶλλον ἐχρῆν ἀφαιρεῖν καὶ περικόπτειν, ὡς σφαλεροῦ νοσήματος καὶ θανατηφόρου· τῷ γὰρ ὑψουμένῳ καὶ μεγαλυνομένῳ ἀγχίστροφος ἡ πρὸς τὸ ταπεινὸν μεταβολὴ καὶ πτῶσις, ὡς ὁ θεῖος διδάσκει λόγος. ἐμοὶ δὲ φαίνεται μακρῷ φιλανθρωπότερον εἶναι τοῦ θεραπεύειν .. .. τοὺς πλουτοῦντας .... ἐπὶ κακῷ τὸ συναίρεσθαι .... τὴν σωτηρίαν αὐτοῖς .... ἅπαντα τὸν δυνατὸν τρόπον, τοῦτο μὲν ἐξαιτουμένους παρὰ θεοῦ τοῦ βεβαίως καὶ ἡδέως τοῖς ἑαυτοῦ τέκνοις τὰ τοιαῦτα προϊεμένου, τοῦτο δὲ λέγω διὰ τῆς χάριτος τοῦ σωτῆρος ἰωμένους τὰς ψυχὰς αὐτῶν, φωτίζοντας καὶ προσάγοντας ἐπὶ τὴν τῆς ἀληθείας κτῆσιν, ἧς ὁ τυχὼν καὶ ἔργοις ἀγαθοῖς ἐλλαμπρυνόμενος μόνος οὗτος βραβεῖον τῆς αἰωνίου ζωῆς ἀναιρήσεται. δεῖται δὲ καὶ ἡ εὐχὴ ψυχῆς εὐρώστου καὶ λιπαροῦς ἄχρι τῆς ἐσχάτης ἡμέρας τοῦ βίου συμμεμετρημένης καὶ <ἡ> πολιτεία διαθέσεως χρηστῆς καὶ μονίμου καὶ πάσαις ταῖς ἐντολαῖς τοῦ σωτῆρος ἐπεκτεινομένης.

2. Κινδυνεύει δὲ | οὐχ ἁπλοῦν τι εἶναι τὸ αἴτιον τοῦ τὴν σωτηρίαν χαλεπωτέραν τοῖς πλουτοῦσι δοκεῖν ἢ τοῖς ἀχρημάτοις τῶν ἀνθρώπων, ἀλλὰ ποικίλον. οἱ μὲν γὰρ αὐτόθεν καὶ προχείρως ἀκούσαντες τῆς τοῦ σωτῆρος φωνῆς, ὅτι ῥᾷον κάμηλος διὰ τρήματος ῥαφίδος διεκδύσεται ἢ πλούσιος εἰς τὴν βασιλείαν τῶν οὐρανῶν, ἀπογνόντες ἑαυτοὺς ὡς οὐ βιωσόμενοι, τῷ κόσμῳ πάντα χαριζόμενοι καὶ τῆς ἐνταῦθα ζωῆς ὡς μόνης ἑαυτοῖς ὑπολειπομένης ἐκκρεμασθέντες ἀπέστησαν πλέον τῆς ἐκεῖ ὁδοῦ, μηκέτι

1 τύφον   2 βάρει   3 ἐχρῆν   4—6 τῷ γὰρ—λόγος] Ant. Mel. 140
4 om. γὰρ Ant.   5 μεγαλυνομένῳ] + παραπέπηγγεν Ant.   ἀντίστροφος S
7—10 θεραπεύειν—ἅπαντα] hunc locum ita habet S: θεραπεύειν (lacuna 12 litt.) τοὺς | πλουτοῦντας (lac. 11 aut 12 litt.) ἐπὶ κακῷ τὸ συναίρεσθαι | (lac. 10 litt.) τὴν σωτηρίαν αὐτοῖς (lac. 15 litt.) | ἅπαντα. quae lacunae ita expleri possunt: θεραπεύειν <ἀνελευθέρως (Fell)> τοὺς πλουτοῦντας <καὶ ἐπαινεῖν (καὶ προσεπαινεῖν Fell)> ἐπὶ κακῷ τὸ συναίρεσθαι <ἐπ' ἀγαθῷ καὶ> τὴν σωτηρίαν αὐτοῖς <συγκατεργάζεσθαι (Segaar)> ἅπαντα   12 λέγω forsitan delendum est. 16 ἡ εὐχὴ] ἡσυχῇ (sed σ ex ε factum ut uid.)   17 λιπαρᾶς   18 <ἡ> addidi 25 forsitan legendum διελεύσεται (cf. §§ 4, 26, et Strom. II v 22 (440))

πολυπραγμονήσαντες μήτε τίνας τοὺς πλουσίους ὁ δεσπότης
καὶ διδάσκαλος προσαγορεύει μήτε ὅπως τὸ ἀδύνατον ἐν cf. Mc x 27
ἀνθρώπῳ ἢ δυνατὸν γίνεται. ἄλλοι δὲ τοῦτο μὲν συνῆκαν
ὀρθῶς καὶ προσηκόντως, τῶν δὲ ἔργων τῶν εἰς τὴν σωτηρίαν
5 ἀναφερόντων ὀλιγωρήσαντες οὐ παρεσκευάσαντο τὴν δέ-
ουσαν παρασκευὴν εἰς τὸ τῶν ἐλπιζομένων τυχεῖν. λέγω δὲ
ταῦτα ἑκάτερα [ἅπερ] ἐπὶ τῶν πλουσίων καὶ τῆς δυνάμεως
τοῦ σωτῆρος καὶ τῆς ἐπιφανοῦς σωτηρίας ᾐσθημένων, τῶν
δὲ ἀμυήτων τῆς ἀληθείας ὀλίγον μοι μέλει.
10 3. Χρὴ τοίνυν τοὺς φιλαλήθως καὶ φιλαδέλφως . . . . .
. . . ., καὶ μήτε καταθρασυνομένους αὐθάδως τῶν
πλουσίων κλητῶν μήτε αὖ πάλιν ὑποπίπτοντας αὐτοῖς διὰ
οἰκείαν φιλοκέρδειαν, πρῶτον μὲν αὐτῶν ἐξαιρεῖν τῷ λόγῳ
τὴν κενὴν ἀπόγνωσιν καὶ δηλοῦν μετὰ τῆς δεούσης ἐξηγή-
937 σεως τῶν λογίων τοῦ κυρίου διότι οὐκ ἀποκέκοπται τέλεον
αὐτοῖς ἡ κληρονομία τῆς βασιλείας τῶν οὐρανῶν ἐὰν
f. 328ᵃ ὑπακούσωσι ταῖς ἐντολαῖς· | εἶθ' ὁπόταν μάθωσιν ὡς ἀδεὲς
δεδίασι δέος καὶ ὅτι βουλομένους αὐτοὺς ὁ σωτὴρ ἀσμένως
δέχεται, τότε καὶ προδεικνύναι καὶ μυσταγωγεῖν ὅπως ἂν
20 καὶ δι' οἵων ἔργων τε καὶ διαθέσεων ἐπαύραιντο τῆς ἐλπίδος,
ὡς οὔτ' ἀμηχάνου καθεστώσης αὐτοῖς οὔτε τοὐναντίον εἰκῇ
περιγινομένης. ἀλλ' ὅνπερ τρόπον ἔχει τὸ τῶν ἀθλητῶν,
ἵνα μικρὰ καὶ ἐπίκηρα μεγάλοις καὶ ἀφθάρτοις παρα-
βάλωμεν, τουτὶ καὶ ἐφ' ἑαυτῷ ὁ κατὰ κόσμον πλουτῶν
25 λογιζέσθω. καὶ γὰρ ἐκείνων ὁ μὲν ὅτι δυνήσεται νικᾶν καὶ
στεφάνων τυγχάνειν ἀπελπίσας οὐδ' ὅλως ἐπὶ τὴν ἄθλησιν
ἀπεγράψατο, ὁ δὲ ταύτην μὲν ἐμβαλόμενος τῇ γνώμῃ τὴν
ἐλπίδα, πόνους δὲ καὶ τροφὰς καὶ γυμνάσια μὴ προσιέμενος
προσφόρους, ἀστεφάνωτος διεγένετο καὶ διήμαρτε τῶν ἐλ-
30 πίδων. οὕτως τις καὶ τὴν ἐπίγειον ταύτην περιβεβλημένος
περιβολήν, μήτε τὴν ἀρχὴν ἑαυτὸν τῶν ἄθλων τοῦ σωτῆρος
ἐκκηρυσσέτω, πιστός γε ὢν καὶ τὸ μεγαλεῖον συνορῶν τῆς
τοῦ θεοῦ φιλανθρωπίας· μήτε μὴν αὖθις ἀνάσκητος καὶ

2 προσαγορεύῃ   6 λέγων   7 [ἅπερ] ἐπὶ] forsitan legendum
περὶ   10 post φιλαδέλφως lacuna fere 15 litterarum ; διακειμένους addidit
Fell   11 αὐθαδῶς   14 κενὴν] καινὴν   24 ἐφ' ἑαυτοῦ coni.
J. B. Mayor   30 περιβεβλημμένος

1—2

ef. 1 Co ix 25 ἀναγώνιστος μείνας ἀκονιτὶ κἀνιδρωτὶ τῶν στεφάνων τῆς
ἀφθαρσίας ἐλπιζέτω μεταλαβεῖν· ἀλλ' αὐτὸν ὑποβαλέτω
φέρων γυμναστῇ μὲν τῷ λόγῳ, ἀγωνοθέτῃ δὲ τῷ Χριστῷ·
cf. 1 Co xi 25 τροφὴ δὲ αὐτῷ καὶ ποτὸν γενέσθω τεταγμένον ἡ καινὴ
διαθήκη τοῦ κυρίου, γυμνάσια δὲ αἱ ἐντολαὶ, εὐσχημοσύνη 5
cf. 1Co xiii 13 δὲ καὶ κόσμος αἱ καλαὶ διαθέσεις, ἀγάπη, πίστις, ἐλπὶς,
γνῶσις ἀληθείας, ... πραότης, | εὐσπλαγχνία, f. 328ᵇ
σεμνότης· ἵν', ὅταν ἐσχάτη σάλπιγξ ὑποσημήνῃ τοῦ δρόμου
καὶ τῆς ἐντεῦθεν ἐξόδου, καθάπερ ἐκ σταδίου τοῦ βίου
μετ' ἀγαθοῦ τοῦ συνειδότος τῷ ἀθλοθέτῃ παραστῇ νικηφόρος 10
ὡμολογημένος τῆς ἄνω πατρίδος ἄξιος, εἰς ἣν μετὰ στεφάνων
καὶ κηρυγμάτων ἀγγελικῶν ἐπανέρχεται.

4. Δοίη τοίνυν ἡμῖν ὁ σωτὴρ ἐντεῦθεν ἀρξαμένοις τοῦ
λόγου τἀληθῆ καὶ τὰ πρέποντα καὶ τὰ σωτήρια συμβα-
λέσθαι τοῖς ἀδελφοῖς, πρός τε τὴν ἐλπίδα πρῶτον αὐτὴν, 15
καὶ δεύτερον πρὸς τὴν τῆς ἐλπίδος προσαγωγήν. ὁ δὲ
χαρίζεται δεομένοις καὶ αἰτοῦντας διδάσκει, καὶ λύει τὴν
ἄγνοιαν καὶ τὴν ἀπόγνωσιν ἀποσείεται τοὺς αὐτοὺς πάλιν
εἰσάγων λόγους περὶ τῶν πλουσίων, ἑαυτῶν ἑρμηνέας γινο-
μένους καὶ ἐξηγητὰς ἀσφαλεῖς· οὐδὲν γὰρ οἷον αὐτῶν αὖθις 20
ἀκοῦσαι τῶν ῥητῶν, ἅπερ ἡμᾶς ἐν τοῖς εὐαγγελίοις ἄχρι νῦν
διετάρασσεν ἀβασανίστως καὶ διημαρτημένως ὑπὸ νηπιό-
Mc x 17 ff τητος ἀκροωμένους. Ἐκπορευομένου αὐτοῦ εἰς ὁδὸν προσ-
ελθών τις ἐγονυπέτει λέγων· Διδάσκαλε ἀγαθέ, τί ποιήσω
ἵνα ζωὴν αἰώνιον κληρονομήσω; ὁ δὲ Ἰησοῦς λέγει· Τί με 938
ἀγαθὸν λέγεις; οὐδεὶς ἀγαθὸς εἰ μὴ εἷς ὁ θεός· τὰς ἐντολὰς
οἶδας· Μὴ μοιχεύσῃς, Μὴ φονεύσῃς, Μὴ κλέψῃς, Μὴ ψευδο-
μαρτυρήσῃς, Τίμα τὸν πατέρα σου καὶ τὴν μητέρα. ὁ δὲ
ἀποκριθεὶς λέγει αὐτῷ· Πάντα ταῦτα ἐφύλαξα. ὁ δὲ Ἰησοῦς
ἐμβλέψας ἠγάπησεν αὐτὸν καὶ εἶπεν· Ἕν σοι ὑστερεῖ· εἰ 30
θέλεις τέλειος εἶναι, πώλησον ὅσα ἔχεις καὶ διάδος πτωχοῖς, |
καὶ ἕξεις θησαυρὸν ἐν οὐρανῷ, καὶ δεῦρο ἀκολούθει μοι. ὁ f. 329ᵃ
δὲ στυγνάσας ἐπὶ τῷ λόγῳ ἀπῆλθε λυπούμενος· ἦν γὰρ

1 ἀκωνεῖται, κἂν ἱδρῶτι. emendationem Ghislerii in textum recepi.
7 γνῶσεις   post ἀληθείας lacuna 12 litterarum: ἐπιείκεια addidit
Fell   15 πρώτην   23 αὐτῷ   29 ἐφύλαξα] recte monet Segaar hic
excidisse librarii incuria ἐκ νεότητός μου, quae uerba agnoscit noster infra § 8
et § 10

ἔχων χρήματα πολλὰ καὶ ἀγρούς. περιβλεψάμενος δὲ ὁ Ἰησοῦς λέγει τοῖς μαθηταῖς αὐτοῦ· Πῶς δυσκόλως οἱ τὰ χρήματα ἔχοντες εἰσελεύσονται εἰς τὴν βασιλείαν τοῦ θεοῦ. οἱ δὲ μαθηταὶ ἐθαμβοῦντο ἐπὶ τοῖς λόγοις αὐτοῦ. πάλιν δὲ
5 ὁ Ἰησοῦς ἀποκριθεὶς λέγει αὐτοῖς· Τέκνα, πῶς δύσκολόν ἐστι τοὺς πεποιθότας ἐπὶ χρήμασιν εἰς τὴν βασιλείαν τοῦ θεοῦ εἰσελθεῖν· †εὐκόλως† διὰ τῆς τρυμαλιᾶς τῆς βελόνης κάμηλος εἰσελεύσεται ἢ πλούσιος εἰς τὴν βασιλείαν τοῦ θεοῦ. οἱ δὲ περισσῶς ἐξεπλήσσοντο καὶ ἔλεγον· Τίς οὖν
10 δύναται σωθῆναι; ὁ δὲ ἐμβλέψας αὐτοῖς εἶπεν ὅτι Παρὰ ἀνθρώποις ἀδύνατον, παρὰ θεῷ δυνατόν. ἤρξατο ὁ Πέτρος λέγειν αὐτῷ· Ἰδὲ ἡμεῖς ἀφήκαμεν πάντα καὶ ἠκολουθήσαμέν σοι. ἀποκριθεὶς δὲ ὁ Ἰησοῦς λέγει· Ἀμὴν ὑμῖν λέγω, ὃς ἂν ἀφῇ τὰ ἴδια καὶ γονεῖς καὶ ἀδελφοὺς καὶ χρήματα ἕνεκεν ἐμοῦ
15 καὶ ἕνεκεν τοῦ εὐαγγελίου, ἀπολήψεται ἑκατονταπλασίονα νῦν ἐν τῷ καιρῷ τούτῳ ἀγροὺς καὶ χρήματα καὶ οἰκίας καὶ ἀδελφοὺς ἔχειν μετὰ διωγμῶν †εἰς πού† ἐν δὲ τῷ ἐρχομένῳ ζωὴν †ἐστιν αἰώνιος· ἐν δὲ† ἔσονται οἱ πρῶτοι ἔσχατοι, καὶ οἱ ἔσχατοι πρῶτοι.
20 5. Ταῦτα μὲν ἐν τῷ κατὰ Μάρκον εὐαγγελίῳ γέγραπται· καὶ ἐν τοῖς ἄλλοις δὲ πᾶσιν ἀνωμολογημένοις ὀλίγον μὲν ἴσως ἑκασταχοῦ τῶν ῥημάτων ἐναλλάσσει, πάντα δὲ τὴν αὐτὴν τῆς γνώμης συμφωνίαν ἐπιδείκνυται. δεῖ δὲ σαφῶς εἰδότας ὡς οὐδὲν ἀνθρωπίνως ὁ σωτὴρ ἀλλὰ πάντα θείᾳ
25 σοφίᾳ καὶ μυστικῇ διδάσκει τοὺς ἑαυτοῦ, μὴ σαρκίνως ἀκροᾶσθαι τῶν λεγομένων, ἀλλὰ τὸν ἐν αὐτοῖς κεκρυμμένον νοῦν μετὰ τῆς ἀξίας ζητήσεως καὶ συνέσεως ἐρευνᾶν καὶ καταμανθάνειν. καὶ γὰρ τὰ ὑπ' αὐτοῦ τοῦ κυρίου δοκοῦντα ἡπλῶσθαι πρὸς τοὺς μαθητὰς τῶν ἠνιγμένως ὑπειρημένων
30 οὐδὲν ἧττονος ἀλλὰ πλείονος ἔτι καὶ νῦν τῆς ἐπιστάσεως εὑρίσκεται δεόμενα διὰ τὴν ὑπερβάλλουσαν τῆς φρονήσεως ἐν αὐτοῖς ὑπερβολήν. ὅπου δὲ καὶ τὰ νομιζόμενα ὑπ' αὐτοῦ διῳχθαι τοῖς ἔσω καὶ αὐτοῖς τοῖς τῆς βασιλείας τέκνοις cf. Mt xiii 38 ὑπ' αὐτοῦ καλουμένοις ἔτι χρῄζει φροντίδος πλείονος, ἢ πού
35 γε τὰ δόξαντα μὲν ἁπλῶς ἐξενηνέχθαι καὶ διὰ τοῦτο μηδὲ διηρωτημένα πρὸς τῶν ἀκουσάντων, εἰς ὅλον δὲ τὸ τέλος

3 χρήμα   17, 18 conf. §§ 25, 26   21 ἂν ὡμολογημένοις   30 ἧττονος] + ἔτι καὶ νῦν   33 διοίχθαι   34 ἢ πού

αὐτὸ τῆς σωτηρίας διαφερόντων, ἐσκεπασμένων δὲ θαυμαστῷ καὶ ὑπερουρανίῳ διανοίας βάθει, οὐκ ἐπιπολαίως δέχεσθαι ταῖς ἀκοαῖς προσῆκεν, ἀλλὰ καθιέντας τὸν νοῦν ἐπ' αὐτὸ τὸ πνεῦμα τοῦ σωτῆρος καὶ τὸ τῆς γνώμης ἀπόρρητον.

6. Ἠρώτηται μὲν γὰρ ἡδέως ὁ κύριος ἡμῶν καὶ σωτὴρ ἐρώτημα καταλληλότατον αὐτῷ, ἡ ζωὴ περὶ ζωῆς, ὁ σωτὴρ περὶ σωτηρίας, ὁ διδάσκαλος περὶ κεφαλαίου τῶν διδασκομένων δογμάτων, <ἡ> ἀλήθεια περὶ τῆς ἀληθινῆς ἀθανασίας, ὁ λόγος περὶ τοῦ πατρῴου λόγου, ὁ τέλειος περὶ τῆς τελείας ἀναπαύσεως, ὁ ἄφθαρτος περὶ τῆς βεβαίας ἀφθαρσίας· ἡρώτηται περὶ τούτων ὑπὲρ ὧν καὶ κατελήλυθεν, ἃ παιδεύει, ἃ διδάσκει, | ἃ παρέχει, ἵνα δείξῃ τὴν τοῦ εὐαγγελίου ὑπόθεσιν, ὅτι δόσις ἐστὶν αἰωνίου ζωῆς. πρόοιδε δὲ ὡς θεὸς καὶ ἃ μέλλει διερωτηθήσεσθαι καὶ ἃ μέλλει τις αὐτῷ ἀποκρίνεσθαι· τίς γὰρ καὶ μᾶλλον ἢ ὁ προφήτης προφητῶν καὶ κύριος παντὸς προφητικοῦ πνεύματος; κληθεὶς δὲ ἀγαθός, ἀπ' αὐτοῦ πρώτου τοῦ ῥήματος τούτου τὸ ἐνδόσιμον λαβὼν ἐντεῦθεν καὶ τῆς διδασκαλίας ἄρχεται, ἐπιστρέφων τὸν μαθητὴν ἐπὶ τὸν θεὸν τὸν ἀγαθὸν καὶ πρῶτον καὶ μόνον ζωῆς αἰωνίου ταμίαν, ἣν ὁ υἱὸς δίδωσιν ἡμῖν παρ' ἐκείνου λαβών.

7. Οὐκοῦν τὸ μέγιστον καὶ κορυφαιότατον τῶν πρὸς τὴν ζωὴν μαθημάτων ἀπὸ τῆς ἀρχῆς εὐθὺς ἐγκαταθέσθαι τῇ ψυχῇ δεῖ, γνῶναι τὸν θεὸν τὸν αἰώνιον καὶ δοτῆρα αἰωνίων καὶ πρῶτον καὶ ὑπέρτατον καὶ ἕνα καὶ ἀγαθόν. θεὸν ἔστι κτήσασθαι διὰ γνώσεως καὶ καταλήψεως· αὕτη γὰρ ἄτρεπτος καὶ ἀσάλευτος ἀρχὴ καὶ κρηπὶς ζωῆς, ἐπιστήμη θεοῦ τοῦ ὄντως ὄντος καὶ τὰ ὄντα, τουτέστι τὰ αἰώνια, δωρουμένου, ἐξ οὗ καὶ τὸ εἶναι τοῖς ἄλλοις ὑπάρχει καὶ τὸ μεῖναι λαβεῖν· ἡ μὲν γὰρ τούτου ἄγνοια θάνατός ἐστιν, ἡ δὲ ἐπίγνωσις αὐτοῦ καὶ οἰκείωσις καὶ ἡ πρὸς αὐτὸν ἀγάπη καὶ ἐξομοίωσις μόνη ζωή.

8. Τοῦτον οὖν πρῶτον ἐπιγνῶναι τῷ ζησομένῳ τὴν ὄντως ζωὴν παρακελεύεται, ὃν οὐδεὶς ἐπιγινώσκει εἰ μὴ ὁ υἱὸς καὶ ᾧ ἂν ὁ υἱὸς ἀποκαλύψῃ· ἔπειτα τὸ μέγεθος τοῦ

---

1 forsitan legendum διαφέροντα, ἐνεσκεπασμένα δὲ H. Jackson   5 σωτήρ] σρε̄   7 κεφαλαίου] + οὐ   8 <ἡ> addidi   13 προοῖδε   30 ἀθάνατος

σωτῆρος μετ' ἐκεῖνον καὶ τὴν καινότητα τῆς χάριτος
μαθεῖν, ὅτι δὴ κατὰ τὸν ἀπόστολον Ὁ νόμος διὰ Μωσέως Jn i 17
ἐδόθη, ἡ χάρις καὶ ἡ ἀλήθεια διὰ Ἰησοῦ Χριστοῦ· καὶ
οὐκ ἴσα τὰ διὰ δούλου πιστοῦ διδόμενα τοῖς ὑπὸ τοῦ υἱοῦ cf. He iii 5
5 γνησίου δωρουμένοις. εἰ γοῦν ἱκανὸς ἦν ὁ Μωσέως νόμος cf. Ga ii 21
f. 330ᵇ ζωὴν | αἰώνιον παρασχεῖν, μάτην μὲν ὁ σωτὴρ αὐτὸς παρα-
γίνεται καὶ πάσχει δι' ἡμᾶς ἀπὸ γενέσεως μέχρι τοῦ σημείου cf. Phil ii 8
τὴν ἀνθρωπότητα διατρέχων, μάτην δὲ ὁ πάσας πεποιηκὼς cf. Mc x 20
940 ἐκ νεότητος τὰς νομίμους ἐντολὰς παρὰ ἄλλου αἰτεῖ γονυ-
10 πετῶν ἀθανασίαν. οὐδὲ γὰρ πεπλήρωκε μόνον τὸν νόμον,
ἀλλὰ καὶ εὐθὺς ἀπὸ πρώτης ἡλικίας ἀρξάμενος· ἐπεὶ καὶ
τί μέγα ἢ ὑπέρλαμπρον γῆρας ἄγονον ἀδικημάτων ὧν
ἐπιθυμίαι τίκτουσι νεανικαὶ ἢ ὀργὴ ζέουσα ἢ ἔρως χρη-
μάτων; ἀλλ' εἴ τις ἐν σκιρτήματι νεοτησίῳ καὶ τῷ καύσωνι
15 τῆς ἡλικίας παρέσχηται φρόνημα πεπανὸν καὶ πρεσβύτερον
τοῦ χρόνου, θαυμαστὸς οὗτος ἀγωνιστὴς καὶ διαπρεπὴς καὶ
τὴν γνώμην πολιώτερος. ἀλλ' ὅμως οὗτος ὁ τοιοῦτος
ἀκριβῶς πέπεισται διότι αὐτῷ πρὸς μὲν δικαιοσύνην οὐδὲν
ἐνδεῖ, ζωῆς δὲ ὅλης προσδεῖ· διὸ αὐτὴν αἰτεῖ παρὰ τοῦ δοῦναι
20 μόνου δυναμένου, καὶ πρὸς μὲν τὸν νόμον ἄγει παρρησίαν,
τοῦ θεοῦ δὲ τὸν υἱὸν ἱκετεύει· ἐκ πίστεως εἰς πίστιν μετα- cf. Ro i 17
τάσσεται· ὡς σφαλερῶς ἐν νόμῳ σαλεύων καὶ ἐπικινδύνως
ναυλοχῶν εἰς τὸν σωτῆρα μεθορμίζεται.

9. Ὁ γοῦν Ἰησοῦς οὐκ ἐλέγχει μὲν αὐτὸν ὡς πάντα τὰ
25 ἐκ νόμου μὴ πεπληρωκότα, ἀλλὰ καὶ ἀγαπᾷ καὶ ὑπερασπά-
ζεται τῆς ἐν οἷς ἔμαθεν εὐπειθείας, ἀτελῆ δὲ εἶναί φησιν
ὡς πρὸς τὴν αἰώνιον ζωήν, ὡς οὐ τέλεια πεπληρωκότα, καὶ
νόμου μὲν ἐργάτην, ἀργὸν δὲ ζωῆς ἀληθινῆς. καλὰ μὲν οὖν
κἀκεῖνα· τίς δ' οὔ φησιν; ἡ γὰρ ἐντολὴ ἁγία ἄχρι παιδα- Ro vii 12
30 γωγίας τινὸς μετὰ φόβου καὶ προπαιδείας ἐπὶ τὴν τοῦ cf. Ga iii 24
Ἰησοῦ νομοθεσίαν τὴν ἄκραν καὶ χάριν προχωροῦσα·
πλήρωμα δὲ νόμου Χριστὸς εἰς δικαιοσύνην παντὶ τῷ cf. Ro x 4
πιστεύοντι, οὐχὶ δὲ δούλους ποιῶν ὡς δοῦλος, ἀλλὰ καὶ υἱοὺς cf. Ro viii
14 ff

2 δεῖ̈   3 ἡ 2°] supra lin. a pr. man.   4 ἴσα (Ghisler)] εἰς
4, 5 τοῦ υἱοῦ γνησίου] aut τοῦ omittendum, aut scribendum τοῦ γνησίου υἱοῦ cum
Ghisler   9 αἰτεῖ (J. A. Robinson)] ἔτι   15 παρέσχηται H. Jackson
παράσχηται S   παιπανὸν   31 προχωροῦντα   33 δὲ] aut omittendum
esse aut in δὴ mutandum monet J. B. Mayor

καὶ ἀδελφοὺς καὶ συγκληρονόμους τοὺς ἐπιτελοῦντας τὸ θέλημα τοῦ πατρός.

10. Εἰ θέλεις τέλειος γενέσθαι. οὐκ ἄρα πω τέλειος ἦν· οὐδὲν γὰρ τε|λείου τελειότερον. καὶ θείως τό· Εἰ θέλεις· τὸ αὐτεξούσιον τῆς προσδιαλεγομένης αὐτῷ ψυχῆς ἐδήλωσεν· ἐπὶ τῷ ἀνθρώπῳ γὰρ ἦν ἡ αἵρεσις ὡς ἐλευθέρῳ, ἐπὶ θεῷ δὲ ἡ δόσις ὡς κυρίῳ. δίδωσι δὲ βουλομένοις καὶ ὑπερεσπουδακόσι καὶ δεομένοις, ἵν' οὕτως ἴδιον αὐτῶν ἡ σωτηρία γένηται. οὐ γὰρ ἀναγκάζει ὁ θεός, βία γὰρ ἐχθρὸν θεῷ, ἀλλὰ τοῖς ζητοῦσι πορίζει καὶ τοῖς αἰτοῦσι παρέχει, καὶ τοῖς κρούουσιν ἀνοίγει. εἰ θέλεις οὖν, εἰ ὄντως θέλεις, καὶ μὴ ἑαυτὸν ἐξαπατᾷς, κτῆσαι τὸ ἐνδέον. Ἕν σοι λείπει· τὸ ἕν, τὸ ἐμόν, τὸ ἀγαθόν, τὸ ἤδη ὑπὲρ νόμον, ὅπερ νόμος οὐ δίδωσιν, ὅπερ νόμος οὐ χωρεῖ, ὃ τῶν ζώντων ἴδιόν ἐστιν. ἀμέλει ὁ πάντα τὰ τοῦ νόμου πληρώσας ἐκ νεότητος καὶ τὰ ὑπέρογκα φρυαξάμενος τὸ ἕν τοῦτο προσθεῖναι τοῖς ὅλοις οὐ δεδύνηται, τὸ τοῦ σωτῆρος ἐξαίρετον, ἵνα λάβῃ ζωὴν αἰώνιον, ἣν ποθεῖ· ἀλλὰ δυσχεράνας ἀπῆλθεν ἀχθεσθεὶς τῷ παραγγέλματι τῆς ζωῆς, ὑπὲρ ἧς ἱκέτευεν. οὐ γὰρ ἀληθῶς ζωὴν ἤθελεν, ὡς ἔφασκεν, ἀλλὰ δόξαν προαιρέσεως ἀγαθῆς μόνην περιεβάλλετο, καὶ περὶ πολλὰ μὲν οἷός τε ἦν ἀσχολεῖσθαι, τὸ δὲ ἓν τὸ τῆς ζωῆς ἔργον ἀδύνατος καὶ ἀπρόθυμος καὶ ἀσθενὴς ἐκτελεῖν· ὁποῖόν τι καὶ πρὸς τὴν Μάρθαν εἶπεν ὁ σωτὴρ ἀσχολουμένην πολλὰ καὶ περιελκομένην καὶ παραταρασσομένην διακονικῶς, τὴν δὲ ἀδελφὴν αἰτιωμένην ὅτι τὸ ὑπηρετεῖν ἀπολιποῦσα τοῖς ποσὶν αὐτοῦ παρακάθηται μαθητικὴν ἄγουσα σχολήν· Σὺ περὶ πολλὰ ταράσσῃ, Μαρία δὲ τὴν ἀγαθὴν μερίδα ἐξελέξατο, καὶ οὐκ ἀφαιρεθήσεται αὐτῆς. οὕτως καὶ τοῦτον ἐκέλευε τῆς πολυπραγμοσύνης ἀφέμενον ἑνὶ προστετηκέναι καὶ προσκαθέζεσθαι τῇ χάριτι τοῦ ζωὴν αἰώνιον προστιθέντος.

8 ἄρα   4, 5 εἰ θέλεις] ἐθέλεις   6—11 ἐπὶ τῷ ἀνθρώπῳ—ἀνοίγει]
Leontius Vat. Gr. 1553 f. 56 Parall. Vat. et Scor. 315   6 γὰρ ἦν] μὲν
Leont. Vat. Scor.   om. ἡ Vat.   7 θεῷ] pr. τῷ Leont.   δὲ 1°]
om. Vat. supra lin. habet Scor.   8 ἵνα Vat. Scor.   αὐτῶν] αὐτοῦ
Leont. Vat. Scor.   9, 10 οὐ γὰρ—θεῷ] Leont. Vat. Gr. 1553 f. 119
9 οὐ γὰρ] οὐκ Leont. 119   om. ὁ Leont. 56 et 119   ἐχθρὸν] αἰσχρὸν
Leont. 56   10 ζητοῦσι] ζητοῦσιν αὐτὸν Leont.   αἰτοῦσιν Leont.
24, 25 παρατασσομένην

f. 331ᵇ 11. Τί τοίνυν ἦν τὸ προτρεψάμενον | αὐτὸν εἰς φυγὴν καὶ ποιῆσαν ἀπαυτομολῆσαι τοῦ διδασκάλου, τῆς ἱκετείας, τῆς ἐλπίδος, τῆς ζωῆς, τῶν προπεπονημένων; Πώλησον τὰ Mt xix 21 ὑπάρχοντά σου. τί δὲ τοῦτό ἐστιν; οὐχ ὃ προχείρως 5 δέχονταί τινες, τὴν ὑπάρχουσαν οὐσίαν ἀπορρίψαι προστάσσει καὶ ἀποστῆναι τῶν χρημάτων· ἀλλὰ τὰ δόγματα <τὰ> περὶ χρημάτων ἐξορίσαι τῆς ψυχῆς, τὴν πρὸς αὐτὰ συμπάθειαν, τὴν ὑπεράγαν ἐπιθυμίαν, τὴν περὶ αὐτὰ πτοίαν καὶ νόσον, τὰς μερίμνας, τὰς ἀκάνθας τοῦ βίου, αἳ τὸ cf. Mc iv 19 10 σπέρμα τῆς ζωῆς συμπνίγουσιν. οὔτε γὰρ μέγα καὶ ζηλωτὸν τὸ τὴν ἄλλως ἀπορεῖν χρημάτων μὴ οὐκ ἐπὶ λόγῳ ζωῆς· οὕτω μέν γ' ἂν ἦσαν οἱ μηδὲν ἔχοντες μηδαμῇ ἀλλὰ ἔρημοι καὶ μεταῖται τῶν ἐφ' ἡμέραν, οἱ κατὰ τὰς ὁδοὺς ἐρριμμένοι πτωχοί, ἀγνοοῦντες δὲ θεὸν καὶ δικαιοσύνην θεοῦ, κατ' αὐτὸ cf. Ro x 3 15 μόνον τὸ ἄκρως ἀπορεῖν καὶ ἀμηχανεῖν βίου καὶ τῶν ἐλαχίστων σπανίζειν μακαριώτατοι καὶ θεοφιλέστατοι καὶ μόνοι ζωὴν ἔχοντες αἰώνιον· οὔτε καινὸν τὸ ἀπείπασθαι πλοῦτον καὶ χαρίσασθαι πτωχοῖς ἢ πατρίσιν, ὃ πολλοὶ πρὸ τῆς τοῦ σωτῆρος καθόδου πεποιήκασιν, οἱ μὲν τῆς εἰς 20 λόγους σχολῆς καὶ νεκρᾶς σοφίας ἕνεκεν, οἱ δὲ φήμης κενῆς καὶ κενοδοξίας, Ἀναξαγόραι καὶ Δημόκριτοι καὶ Κράτητες.

12. Τί οὖν ὡς καινὸν καὶ ἴδιον θεοῦ παραγγέλλει καὶ μόνον ζωοποιοῦν, ὃ τοὺς προτέρους οὐκ ἔσωσεν; εἰ δὲ ἐξαίρετόν τι ἡ καινὴ κτίσις, ὁ υἱὸς τοῦ θεοῦ, μηνύει καὶ διδάσκει, 25 οὐ τὸ φαινόμενον, ὅπερ ἄλλοι πεποιήκασι, παρεγγυᾷ, ἀλλ' ἕτερόν τι διὰ τούτου σημαινόμενον μεῖζον καὶ θειότερον καὶ τελεώτερον, τὸ τὴν ψυχὴν αὐτὴν καὶ τὴν διάθεσιν γυμνῶσαι τῶν ὑπόντων παθῶν καὶ πρόρριζα τὰ ἀλλότρια τῆς γνώμης ἐκτεμεῖν καὶ ἐκβαλεῖν. τοῦτο γὰρ ἴδιον μὲν τοῦ πιστοῦ τὸ 30 μάθημα, ἄξιον δὲ τοῦ σωτῆρος τὸ δίδαγμα. οἱ γάρ τοι

3 προπεπονημένων] προ supra lin. additum, sed a prim. manu   3—10 πώλησον—συμπνίγουσιν] Parall. Vat. et Scor. 502 Paris 186ᵃ   4 σου post πώλησον habent Vat. Scor. Paris   τί δὲ—προχείρως] τί οὐ (οὔτε Scor.) προχείρως Vat. Scor. Paris   5 τινος Paris   ἀπορίψαι Paris   5—7 om. προστάσσει—ψυχῆς Vat. Scor. Paris   7 <τὰ> addidi   πρὸς αὐτὰ] πρὸς αὐτὴν Scor. Paris   8 περὶ αὐτὰ] περὶ αὐτὴν Vat.   πτοίαν] ἀγρυπνίαν Vat. Scor. Paris   9 καὶ] τὴν Vat.   10 καταπνίγουσιν Paris   11 τότ' ἦν ἄλλως ἀπορεῖν   17 αἰωνίαν   καινὸν (Ghisler)] κοινὸν   18 πατρίσιν (Ghisler)] πατράσιν   20 εἵνεκεν   23 ζωοποιῶν   24 κτίσις (Ghisler)] κτῆσις   28 πρόριζα

πρότεροι, καταφρονήσαντες τῶν ἐκτός, τὰ μὲν κτήματα 942
ἀφῆκαν καὶ παραπώλεσαν, τὰ δὲ | πάθη τῶν ψυχῶν οἶμαι f. 332ᵃ
ὅτι καὶ προσεπέτειναν· ἐν ὑπεροψίᾳ γὰρ ἐγένοντο καὶ ἀλα-
ζονείᾳ καὶ κενοδοξίᾳ καὶ περιφρονήσει τῶν ἄλλων ἀνθρώ-
πων, ὡς αὐτοί τι ὑπὲρ ἄνθρωπον ἐργασάμενοι. πῶς ἂν 5
οὖν ὁ σωτὴρ παρῄνει τοῖς εἰς ἀεὶ βιωσομένοις τὰ βλάψοντα
καὶ λυμανούμενα πρὸς τὴν ζωήν, ἣν ἐπαγγέλλεται; καὶ γὰρ
αὖ κἀκεῖνό ἐστι· δύναταί τις ἀποφορτισάμενος τὴν κτῆσιν
οὐδὲν ἧττον ἔτι τὴν ἐπιθυμίαν καὶ τὴν ὄρεξιν τῶν χρημάτων
ἔχειν ἐντετηκυῖαν καὶ συζῶσαν, καὶ τὴν μὲν χρῆσιν ἀπο- 10
βεβληκέναι, ἀπορῶν δὲ ἅμα καὶ ποθῶν ἅπερ ἐσπάθησε
διπλῇ λυπεῖσθαι, καὶ τῇ τῆς ὑπηρεσίας ἀπουσίᾳ καὶ τῇ τῆς
μετανοίας συνουσίᾳ. ἀνέφικτον γὰρ καὶ ἀμήχανον δεόμενον
τῶν πρὸς τὸ βιοτεύειν ἀναγκαίων μὴ οὐ κατακλᾶσθαι τὴν
γνώμην καὶ ἀσχολίαν ἄγειν ἀπὸ τῶν κρειττόνων, ὁπωσοῦν 15
καὶ ὁθενοῦν ταῦτα πειρώμενον ἐκπορίζειν.

13. Καὶ πόσῳ χρησιμώτερον τὸ ἐναντίον, ἱκανὰ κεκτη-
μένον αὐτόν τε περὶ τὴν κτῆσιν μὴ κακοπαθεῖν καὶ οἷς
καθῆκεν ἐπικουρεῖν; τίς γὰρ ἂν κοινωνία καταλείποιτο
παρὰ ἀνθρώποις, εἰ μηδεὶς ἔχοι μηδέν; πῶς δ' ἂν τοῦτο τὸ 20
δόγμα πολλοῖς ἄλλοις καὶ καλοῖς τοῦ κυρίου δόγμασιν οὐχὶ
Lc xvi 9 φανερῶς ἐναντιούμενον εὑρίσκοιτο καὶ μαχόμενον; Ποιήσατε
ἑαυτοῖς φίλους ἐκ τοῦ μαμωνᾶ τῆς ἀδικίας, ἵν' ὅταν ἐκλίπῃ
Mt vi 20 δέξωνται ὑμᾶς εἰς τὰς αἰωνίους σκηνάς. Κτήσασθε θησαυ-
ροὺς ἐν οὐρανῷ, ὅπου μήτε σὴς μήτε βρῶσις ἀφανίζει μήτε 25
cf. Mt xxv κλέπται διορύσσουσι. πῶς ἄν τις πεινῶντα τρέφοι καὶ
41 ff
διψῶντα ποτίζοι καὶ γυμνὸν σκεπάζοι καὶ ἄστεγον συνάγοι,
ἃ τοῖς μὴ ποιήσασιν ἀπειλεῖ πῦρ καὶ σκότος τὸ ἐξώτερον, εἰ
πάντων αὐτὸς ἕκαστος φθάνοι τούτων ὑστερῶν; ἀλλὰ μὴν
cf. Lc xix 6; αὐτός τε ἐπιξενοῦται Ζακχαίῳ καὶ Λευεὶ καὶ Ματθαίῳ τοῖς 30
Mt ix 10|||
πλουσίοις καὶ τελώναις, καὶ τὰ μὲν χρήματα αὐτοὺς οὐ
κελεύει μεθεῖναι, τὴν δὲ δι|καίαν κρίσιν ἐπιθεὶς καὶ τὴν f. 332ᵇ
Lc xix 9 ἄδικον ἀφελὼν καταγγέλλει· Σήμερον σωτηρία τῷ οἴκῳ
τούτῳ. οὕτω τὴν χρείαν αὐτῶν ἐπαινεῖ, ὥστε καὶ μετὰ τῆς
προσθήκης ταύτης τὴν κοινωνίαν ἐπιτάσσει, ποτίζειν τὸν 35
διψῶντα, ἄρτον διδόναι τῷ πεινῶντι, ὑποδέχεσθαι τὸν ἄστεγον,

19 καταλείπεται   30 καὶ Λευεὶ coniecerunt J. A. Robinson et P. Koetschau
(uide adnot.); κελεύει S

ἀμφιεννύναι τὸν γυμνόν. εἰ δὲ τὰς χρείας οὐκ οἷόν τε ἐκπληροῦν ταύτας μὴ ἀπὸ χρημάτων, τῶν δὲ χρημάτων ἀφίστασθαι κελεύει, τί ἂν ἕτερον εἴη ποιῶν ὁ κύριος <ἢ> τὰ αὐτὰ διδόναι τε καὶ μὴ διδόναι παραινῶν, τρέφειν καὶ μὴ τρέφειν, ὑποδέχεσθαι καὶ ἀποκλείειν, κοινωνεῖν καὶ μὴ κοινωνεῖν, ὅπερ ἁπάντων ἀλογώτατον.

14. Οὐκ ἄρα ἀπορριπτέον τὰ καὶ τοὺς πέλας ὠφελοῦντα χρήματα· κτήματα γάρ ἐστι κτητὰ ὄντα, καὶ χρήματα χρήσιμα ὄντα καὶ εἰς χρῆσιν ἀνθρώπων ὑπὸ τοῦ θεοῦ παρεσκευασμένα· ἃ δὴ παράκειται καὶ ὑποβέβληται καθάπερ ὕλη τις καὶ ὄργανα πρὸς χρῆσιν ἀγαθὴν τοῖς εἰδόσι. τὸ ὄργανον, ἐὰν χρῇ τεχνικῶς, τεχνικόν ἐστιν· ἐὰν ὑστερῇς τῆς τέχνης, ἀπολαύει τῆς σῆς ἀπουσίας ὂν ἀναίτιον. τοιοῦτον καὶ ὁ πλοῦτος ὄργανόν ἐστι· δύνασαι χρῆσθαι δικαίως αὐτῷ; πρὸς δικαιοσύνην καθυπηρετεῖ· ἀδίκως τις αὐτῷ χρῆται; πάλιν ὑπηρέτης ἀδικίας εὑρίσκεται· πέφυκε γὰρ ὑπηρετεῖν, ἀλλ' οὐκ ἄρχειν. οὐ χρὴ τοίνυν τὸ ἐξ ἑαυτοῦ μὴ ἔχον μήτε τὸ ἀγαθὸν μήτε τὸ κακὸν ἀναίτιον ὂν αἰτιᾶσθαι, ἀλλὰ τὸ δυνάμενον καὶ καλῶς τούτοις χρῆσθαι καὶ κακῶς, ἀφ' ὧν ἂν ἕληται· καὶ αὐτὸ τοῦτο δ' ἐστὶ νοῦς ἀνθρώπου, καὶ κριτήριον ἐλεύθερον ἔχων ἐν ἑαυτῷ καὶ τὸ αὐτεξούσιον τῆς μεταχειρίσεως τῶν δοθέντων· ὥστε μὴ τὰ κτήματά τις ἀφανιζέτω μᾶλλον ἢ τὰ πάθη τῆς ψυχῆς, τὰ μὴ συγχωροῦντα τὴν ἀμείνω χρῆσιν τῶν ὑπαρχόντων, ἵνα καλὸς καὶ ἀγαθὸς γενόμενος καὶ τούτοις τοῖς κτήμασι χρῆσθαι δυνηθῇ καλῶς. τὸ οὖν ἀποτάξασθαι πᾶσι τοῖς ὑπάρχουσι καὶ πωλῆσαι πάντα τὰ ὑπάρχοντα τοῦτον τὸν τρόπον ἐκδεκτέον ὡς ἐπὶ τῶν ψυχικῶν παθῶν διειρημένον.

15. Ἐγὼ γοῦν κἀκεῖνο φήσαιμ' ἄν· ἐπειδὴ τὰ μὲν ἐντός ἐστι τῆς ψυχῆς, τὰ δὲ ἐκτός, κἂν μὲν ἡ ψυχὴ χρῆται καλῶς καλὰ καὶ ταῦτα δοκεῖ, ἐὰν δὲ πονηρῶς πονηρά, ὁ κελεύων ἀπαλλοτριοῦν τὰ ὑπάρχοντα πότερον ταῦτα παραιτεῖται ὧν ἀναιρεθέντων ἔτι τὰ πάθη μένει, ἢ ἐκεῖνα μᾶλλον ὧν ἀναιρεθέντων καὶ τὰ κτήματα χρήσιμα γίνεται; ὁ τοίνυν ἀπο-

3 <ἢ> addidit Ghisler   7 ἄρα   13 ἀπουσίας] ἀμουσίας coniecit Segaar
20 καὶ] κατ'   25 κτίσμασι (sed l 1° super η scriptum esse uidetur)
26 ἀποτάξεσθαι   32 πρότερον

βαλὼν τὴν κοσμικὴν περιουσίαν ἔτι δύναται πλουτεῖν τῶν παθῶν, καὶ τῆς ὕλης μὴ παρούσης· ἡ γάρ τοι διάθεσις τὸ αὐτῆς ἐνεργεῖ καὶ τὸν λογισμὸν ἄγχει καὶ πιέζει καὶ φλεγμαίνει ταῖς συντρόφοις ἐπιθυμίαις· οὐδὲν οὖν προὔργου γέγονεν αὐτῷ πτωχεύειν χρημάτων πλουτοῦντι τῶν παθῶν· 5 οὐ γὰρ τὰ ἀπόβλητα ἀπέβαλεν, ἀλλὰ τὰ ἀδιάφορα· καὶ τῶν μὲν ὑπηρετικῶν ἑαυτὸν περιέκοψεν, ἐξέκαυσε δὲ τὴν ὕλην τῆς κακίας τὴν ἔμφυτον τῇ τῶν ἐκτὸς ἀπορίᾳ. ἀποτακτέον οὖν τοῖς ὑπάρχουσι τοῖς βλαβεροῖς, οὐχὶ τοῖς (ἐὰν ἐπίστηταί τις τὴν ὀρθὴν χρῆσιν) καὶ συνωφελεῖν δυναμένοις. ὠφελεῖ 10 δὲ τὰ μετὰ φρονήσεως καὶ σωφροσύνης καὶ εὐσεβείας οἰκονομούμενα, ἀπωστέα δὲ τὰ ἐπιζήμια· τὰ δὲ ἐκτὸς οὐ βλάπτει.

16. Οὕτως οὖν ὁ κύριος καὶ τὴν τῶν ἐκτὸς χρείαν εἰσάγει, κελεύων ἀποθέσθαι οὐ τὰ βιωτικά, ἀλλὰ τὰ τούτοις 944 κακῶς χρώμενα· ταῦτα δὲ ἦν τὰ τῆς ψυχῆς ἀρρωστήματα καὶ πάθη. (16.) Ὁ τούτων πλοῦτος παρὼν μὲν ἅπασι θανατηφόρος, ἀπολόμενος δὲ σωτήριος· οὗ δεῖ καθαρεύουσαν, τουτέστι πτωχεύουσαν καὶ γυμνήν, τὴν ψυχὴν παρασχόμενον οὕτως ἤδη τοῦ σωτῆρος ἀκοῦσαι λέγοντος· Δεῦρο ἀκο- 20 λούθει μοι. ὁδὸς γὰρ αὐτὸς ἤδη τῷ καθαρῷ τὴν καρδίαν γίνεται, εἰς δὲ ἀκάθαρτον ψυχὴν θεοῦ χάρις οὐ παραδύεται· ἀκάθαρτος δὲ ἡ πλουτοῦσα τῶν ἐπιθυμιῶν καὶ | ὠδίνουσα f. 333ᵇ πολλοῖς ἔρωσι καὶ κοσμικοῖς. ὁ μὲν γὰρ ἔχων κτήματα καὶ χρυσὸν καὶ ἄργυρον καὶ οἰκίας ὡς θεοῦ δωρεάς, καὶ τῷ τε 25 διδόντι θεῷ λειτουργῶν ἀπ᾽ αὐτῶν εἰς ἀνθρώπων σωτηρίαν, καὶ εἰδὼς ὅτι ταῦτα κέκτηται διὰ τοὺς ἀδελφοὺς μᾶλλον ἢ ἑαυτόν, καὶ κρείττων ὑπάρχων τῆς κτήσεως αὐτῶν, μὴ δοῦλος <ὢν> ὧν κέκτηται, μηδὲ ἐν τῇ ψυχῇ ταῦτα περιφέρων, μηδὲ ἐν τούτοις ὁρίζων καὶ περιγράφων τὴν ἑαυτοῦ ζωήν, 30 ἀλλά τι καὶ καλὸν ἔργον καὶ θεῖον ἀεὶ διαπονῶν, κἂν ἀποστερηθῆναι δέῃ ποτὲ τούτων δυνάμενος ἵλεῳ τῇ γνώμῃ καὶ τὴν ἀπαλλαγὴν αὐτῶν ἐνεγκεῖν ἐξ ἴσου καθάπερ καὶ τὴν περιουσίαν,—οὗτός ἐστιν ὁ μακαριζόμενος ὑπὸ τοῦ κυρίου καὶ πτωχὸς τῷ πνεύματι καλούμενος, κληρονόμος ἕτοιμος 35 οὐρανοῦ βασιλείας, οὐ πλούσιος ζῆσαι μὴ δυνάμενος· (17.) ὁ

18 δεῖ] δὴ coniecit Segaar   29 <ὢν> addidit J. B. Mayor   36 οὐρανοῦ] οὐρανίου

δὲ ἐν τῇ ψυχῇ τὸν πλοῦτον φέρων, καὶ ἀντὶ θεοῦ πνεύματος ἐν τῇ καρδίᾳ χρυσὸν φέρων ἢ ἀγρὸν, καὶ τὴν κτῆσιν ἄμετρον ἀεὶ ποιῶν, καὶ ἑκάστοτε τὸ πλεῖον βλέπων κάτω νενευκὼς καὶ τοῖς τοῦ κόσμου θηράτροις πεπεδημένος, γῆ ὢν καὶ εἰς γῆν *cf. Ge iii*
5 ἀπελευσόμενος, πόθεν δύναται βασιλείας οὐρανῶν ἐπιθυμῆσαι καὶ φροντίσαι ἄνθρωπος οὐ καρδίαν ἀλλὰ ἀγρὸν ἢ μέταλλον φορῶν, ἐν τούτοις εὑρεθησόμενος ἐπάναγκες ἐν οἷς *cf. § 40*
εἵλετο; Ὅπου γὰρ ὁ νοῦς τοῦ ἀνθρώπου, ἐκεῖ καὶ ὁ θησαυ- *Mt vi 21;*
ρὸς αὐτοῦ. *Lc xii 34*

10 17. Θησαυροὺς δέ γε ὁ κύριος οἶδε διττοὺς, τὸν μὲν ἀγαθόν· Ὁ γὰρ ἀγαθὸς ἄνθρωπος ἐκ τοῦ ἀγαθοῦ θησαυροῦ τῆς καρδίας προφέρει τὸ ἀγαθόν· τὸν δὲ πονηρόν· Ὁ γὰρ *Lc vi 45*
κακὸς ἐκ τοῦ κακοῦ θησαυροῦ προφέρει τὸ κακόν· ὅτι ἐκ περισσεύματος τῆς καρδίας τὸ στόμα λαλεῖ. ὥσπερ οὖν θη-
15 σαυρὸς οὐχ εἷς παρ' αὐτῷ, καθὸ καὶ παρ' ἡμῖν, ὁ τὸ αἰφνίδιον μέγα κέρδος ἐν εὑρήσει διδοὺς, ἀλλὰ καὶ δεύτερος, ὁ ἀκερδὴς καὶ ἄζηλος καὶ δύσκτητος καὶ ἐπιζήμιος· οὕτως καὶ πλοῦτος ὁ μέν τις ἀγαθῶν, ὁ δὲ κακῶν, εἴγε τὸν πλοῦτον καὶ τὸν θησαυρὸν οὐκ ἀπηρτημένους ἴσμεν ἀλλήλων τῇ φύσει. καὶ
f. 334ᵃ ὁ μέν τις | πλοῦτος κτητὸς ἂν εἴη καὶ περίβλητος, ὁ δὲ
945 ἄκτητος καὶ ἀπόβλητος· τὸν αὐτὸν δὲ τρόπον καὶ πτωχεία· μακαριστὴ μὲν ἡ πνευματική· διὸ καὶ προσέθηκεν ὁ Ματθαῖος· Μακάριοι οἱ πτωχοί· πῶς; Τῷ πνεύματι· καὶ *Mt v 3*
πάλιν· Μακάριοι οἱ πεινῶντες καὶ διψῶντες τὴν δικαιο- *Mt v 6*
25 σύνην τοῦ θεοῦ· οὐκοῦν ἄθλιοι οἱ ἐναντίοι πτωχοί, θεοῦ μὲν ἄμοιροι, ἀμοιρότεροι δὲ τῆς ἀνθρωπίνης κτήσεως, ἄγευστοι δὲ δικαιοσύνης θεοῦ.

18. Ὥστε τοὺς πλουσίους μαθηματικῶς ἀκουστέον, τοὺς δυσκόλως εἰσελευσομένους εἰς τὴν βασιλείαν, μὴ σκαιῶς μηδὲ
30 ἀγροίκως μηδὲ σαρκίνως· οὐ γὰρ οὕτως λέλεκται, οὐδὲ ἐπὶ τοῖς ἐκτὸς ἡ σωτηρία, οὔτε εἰ πολλὰ οὔτε εἰ ὀλίγα ταῦτα ἢ μικρὰ ἢ μεγάλα ἢ ἔνδοξα ἢ ἄδοξα ἢ εὐδόκιμα ἢ ἀδόκιμα, ἀλλ' ἐπὶ τῇ τῆς ψυχῆς ἀρετῇ, πίστει καὶ ἐλπίδι καὶ ἀγάπῃ καὶ φιλαδελφίᾳ καὶ γνώσει καὶ πραότητι καὶ ἀτυφίᾳ καὶ

---

1 θεοῦ] forsitan legendum θείου   7 ἐπάναγκες (Ghisler)] ἐπ' ἀνάγκαις S
ἐν οἷς εἵλετο ante ἐν τούτοις ponendum esse putat J. B. Mayor   10 post
θησαυροὺς δέ rasura duarum litt. sed manet signum compendii. scriptum
esse uidetur δὲ κϛ   28 πλουσίως

ἀληθείᾳ, ὧν ἆθλον ἡ σωτηρία· οὐδὲ γὰρ διὰ κάλλος σώματος ζήσεταί τις ἢ τοὐναντίον ἀπολεῖται· ἀλλ' ὁ μὲν τῷ δοθέντι σώματι ἁγνῶς καὶ κατὰ θεὸν χρώμενος ζήσεται, ὁ δὲ φθείρων τὸν ναὸν θεοῦ φθαρήσεται. δύναται δέ τις καὶ αἰσχρὸς ἀσελγαίνειν καὶ κατὰ κάλλος σωφρονεῖν· οὐδὲ ἰσχὺς καὶ μέγεθος σώματος ζωοποιεῖ, οὐδὲ τῶν μελῶν οὐδενία ἀπολλύει, ἀλλ' ἡ τούτοις ψυχὴ χρωμένη τὴν αἰτίαν ἐφ' ἑκάτερα παρέχεται. ὑπόφερε γοῦν, φησί, παιόμενος τὸ πρόσωπον· ὅπερ δύναται καὶ ἰσχυρός τις ὢν καὶ εὐεκτῶν ὑπακοῦσαι, καὶ πάλιν ἀσθενικός τις ὢν ἀκρασίᾳ γνώμης παραβῆναι. οὕτως καὶ ἄπορός τις ὢν καὶ ἄβιος εὑρεθείη ποτ' ἂν μεθύων ταῖς ἐπιθυμίαις, καὶ χρήμασι πλούσιος νήφων καὶ πτωχεύων ἡδονῶν, πεπεισμένος, συνετός, καθαρός, κεκολασμένος. εἰ τοίνυν ἔστι τὸ ζησόμενον μάλιστα καὶ πρῶτον ἡ ψυχὴ, καὶ περὶ ταύτην ἀρετὴ μὲν φυομένη σῴζει, κακία δὲ θανατοῖ, δῆλον ἤδη σαφῶς ὅτι αὐτὴ καὶ πτωχεύουσα ὧν ἄν τις ὑπὸ πλούτου | διαφθαρῇ σῴζεται, καὶ πλουτοῦσα τούτων ὧν ἐπιτρίβει πλοῦτος θανατοῦται· καὶ μηκέτι ζητῶμεν ἀλλαχοῦ τὴν αἰτίαν τοῦ τέλους πλὴν ἐν τῇ τῆς ψυχῆς καταστάσει καὶ διαθέσει πρός τε ὑπακοὴν θεοῦ καὶ καθαρότητα πρός τε παράβασιν ἐντολῶν καὶ κακίας συλλογήν.

19. Ὁ μὲν ἄρα ἀληθῶς καὶ καλῶς ἐστιν ὁ τῶν ἀρετῶν πλούσιος καὶ πάσῃ τύχῃ χρῆσθαι ὁσίως καὶ πιστῶς δυνάμενος, ὁ δὲ νόθος πλούσιος ὁ κατὰ σάρκα πλουτῶν καὶ τὴν ζωὴν εἰς < τὴν > ἔξω κτῆσιν μετενηνοχὼς τὴν παρερχομένην καὶ φθειρομένην, καὶ ἄλλοτε ἄλλου γινομένην καὶ ἐν τῷ τέλει μηδενὸς μηδαμῇ. πάλιν αὖ κατὰ τὸν αὐτὸν τρόπον καὶ γνήσιος πτωχὸς καὶ νόθος ἄλλος πτωχὸς καὶ ψευδώνυμος, ὁ μὲν κατὰ πνεῦμα πτωχὸς τὸ ἴδιον, ὁ δὲ κατὰ κόσμον τὸ ἀλλότριον. τῷ δὴ κατὰ κόσμον πτωχῷ καὶ πλουσίῳ κατὰ τὰ πάθη ὁ κατὰ πνεῦμα [οὐ] πτωχὸς καὶ κατὰ θεὸν πλούσιος Ἀπόστηθι τῶν ὑπαρχόντων ἐν τῇ ψυχῇ σου κτημάτων ἀλλοτρίων, ἵνα καθαρὸς τῇ καρδίᾳ γενόμενος ἴδῃς τὸν θεόν, ὅπερ καὶ δι' ἑτέρας φωνῆς ἐστιν εἰσελθεῖν εἰς τὴν βασιλείαν

6 οὐδὲ νία   11 ἐπιθυμίας   13 καθαρῶς   τοίνυν] τῶν
16 πλούτου (sic Combefisius)] τούτου   17 διαφθείρει   18 θανοῦται
22 ἄρα   25 <τὴν> addidit Ghisler   31 οὐ delendum esse putauit Segaar

τῶν οὐρανῶν. καὶ πῶς αὐτῶν ἀποστῇς; πωλήσας. τί οὖν; χρήματα ἀντὶ κτημάτων λάβῃς; ἀντίδοσιν πλούτου πρὸς πλοῦτον ποιησάμενος, ἐξαργυρίσας τὴν φανερὰν οὐσίαν; οὐδαμῶς· ἀλλὰ ἀντὶ τῶν πρότερον ἐνυπαρχόντων τῇ ψυχῇ, 5 ἣν σῶσαι ποθεῖς, ἀντεισαγόμενος ἕτερον πλοῦτον θεοποιὸν καὶ ζωῆς χορηγὸν αἰωνίου, τὰς κατὰ τὴν ἐντολὴν τοῦ θεοῦ διαθέσεις, ἀνθ' ὧν σοι περιέσται μισθὸς καὶ τιμή, διηνεκὴς σωτηρία καὶ αἰώνιος ἀφθαρσία. οὕτω καλῶς πωλεῖς τὰ ὑπάρχοντα, τὰ πολλὰ καὶ περισσὰ καὶ ἀποκλείοντά σοι τοὺς 10 οὐρανούς, ἀντικαταλλασσόμενος αὐτῶν τὰ σῶσαι δυνάμενα. |
f. 335ᵃ ἐκεῖνα ἐχέτωσαν οἱ σάρκινοι πτωχοὶ καὶ τούτων δεόμενοι, σὺ δὲ τὸν πνευματικὸν πλοῦτον ἀντιλαβὼν ἔχοις ἂν ἤδη cf. Mc x 21 θησαυρὸν ἐν οὐρανοῖς.

20. Ταῦτα μὴ συνιεὶς κατὰ τρόπον ὁ πολυχρήματος 15 καὶ ἔννομος ἄνθρωπος, μηδὲ ὅπως ὁ αὐτὸς καὶ πτωχὸς cf. 1 Co vii 29 ff δύναται εἶναι καὶ πλούσιος, καὶ ἔχειν τε χρήματα καὶ μὴ ἔχειν, καὶ χρῆσθαι τῷ κόσμῳ καὶ μὴ χρῆσθαι, ἀπῆλθε στυγνὸς καὶ κατηφής, λιπὼν τὴν τάξιν τῆς ζωῆς, ἧς ἐπιθυμεῖν cf. Mc x 22 μόνον ἀλλ' οὐχὶ καὶ τυχεῖν ἠδύνατο, τὸ δύσκολον ποιήσας 20 ἀδύνατον αὐτὸς ἑαυτῷ· δύσκολον γὰρ ἦν μὴ περιάγεσθαι μηδὲ καταστράπτεσθαι τὴν ψυχὴν ὑπὸ τῶν προσόντων ἁβρῶν τῷ προδήλῳ πλούτῳ καὶ ἀνθηρῶν γοητευμάτων· οὐκ ἀδύνατον δὲ τὸ καὶ ἐν τούτῳ λαβέσθαι σωτηρίας, εἴ τις ἑαυτὸν ἀπὸ τοῦ αἰσθητοῦ πλούτου ἐπὶ τὸν νοητὸν καὶ θεοδίδακτον 25 μεταγάγοι, καὶ μάθοι τοῖς ἀδιαφόροις χρῆσθαι καλῶς καὶ ἰδίως καὶ ὡς ἂν εἰς ζωὴν αἰώνιον ὁρμήσας. καὶ οἱ μαθηταὶ δὲ τὸ πρῶτον μὲν καὶ αὐτοὶ περιδεεῖς καὶ καταπλῆγες γεγόνασιν ἀκούσαντες. τί δήποτε; ἆρά γε ὅτι χρήματα καὶ αὐτοὶ ἐκέκτηντο πολλά; ἀλλὰ καὶ αὐτὰ ταῦτα τὰ δικτύδια 30 καὶ ἄγκιστρα καὶ τὰ ὑπηρετικὰ σκαφίδια ἀφῆκαν πάλαι, ἅπερ ἦν αὐτοῖς μόνα. τί οὖν φοβηθέντες λέγουσι· Τίς δύνα- Mc x 26 ται σωθῆναι; καλῶς ἤκουσαν καὶ ὡς μαθηταὶ τοῦ παραβολικῶς καὶ ἀσαφῶς λεχθέντος ὑπὸ τοῦ κυρίου καὶ ᾔσθοντο 947 τοῦ βάθους τῶν λόγων. ἕνεκα μὲν οὖν χρημάτων ἀκτημο- 35 σύνης εὐέλπιδες ἦσαν πρὸς σωτηρίαν, ἐπειδὴ δὲ συνῄδεσαν

25 ἀδιαφόροις (Ghisler)] διαφόρως   χρᾶσθαι   26 ὁρμήσας (O. Stählin)] ὁρμᾶσαι   29 δικτύφια   33 καὶ σαφῶς

ἑαυτοῖς μήπω τὰ πάθη τέλεον ἀποτιθεμένοις (ἀρτιμαθεῖς γὰρ
ἦσαν καὶ νεωστὶ πρὸς τοῦ σωτῆρος ἠνδρολογημένοι), περισ-
σῶς ἐξεπλήσσοντο καὶ ἀπεγίνωσκον ἑαυτοὺς οὐδέν τι ἧττον
ἐκείνου τοῦ πολυχρημάτου καὶ δεινῶς τῆς κτήσεως περιεχο-
μένου, ἥν γε προέκρινε ζωῆς αἰωνίου. ἄξιον οὖν ἦν τοῖς 5
μαθηταῖς φόβου παντός, εἰ καὶ ὁ χρήματα | κεκτημένος καὶ ὁ f. 335ᵇ
τῶν παθῶν ἔγκυος ὢν ἐπλούτουν, <μὴ> καὶ αὐτοὶ παραπλη-
σίως ἀπελασθήσονται οὐρανῶν· ἀπαθῶν γὰρ καὶ καθαρῶν
ψυχῶν ἐστὶν ἡ σωτηρία.

Mc x 27   21. Ὁ δὲ κύριος ἀποκρίνεται διότι Τὸ ἐν ἀνθρώ- 10
ποις ἀδύνατον, δυνατὸν θεῷ. πάλιν καὶ τοῦτο μεγάλης
σοφίας μεστόν ἐστιν, ὅτι καθ' αὑτὸν μὲν ἀσκῶν καὶ δια-
πονούμενος ἀπάθειαν ἄνθρωπος οὐδὲν ἀνύει, ἐὰν δὲ γένηται
δῆλος ὑπερεπιθυμῶν τούτου καὶ διεσπουδακώς, τῇ προσθήκῃ
τῆς παρὰ θεοῦ δυνάμεως περιγίνεται· βουλομέναις μὲν γὰρ 15
ταῖς ψυχαῖς ὁ θεὸς συνεπιπνεῖ, εἰ δὲ ἀποσταῖεν τῆς προ-
θυμίας, καὶ τὸ δοθὲν ἐκ θεοῦ πνεῦμα συνεστάλη· τὸ μὲν γὰρ
ἄκοντας σῴζειν ἐστὶ βιαζομένου, τὸ δὲ αἱρουμένους χαριζο-
μένου. οὐδὲ τῶν καθευδόντων καὶ βλακευόντων ἐστὶν ἡ
cf. Mt xi 12   βασιλεία τοῦ θεοῦ, ἀλλ' οἱ βιασταὶ ἁρπάζουσιν αὐτήν· 20
αὕτη γὰρ μόνον βία καλή, θεὸν βιάσασθαι καὶ παρὰ θεοῦ
ζωὴν ἁρπάσαι, ὁ δὲ γνοὺς τοὺς βεβαίως, μᾶλλον δὲ βιαίως

2 ἠνδρομολογημένοι   7 <μὴ> addidit J. B. Mayor   8 sq. ἀπαθῶν—
σωτηρία] Parall. Vat. et Scor. 570 Paris f. 223ᵃ: Ant. Mel. 149 (cum lemmate
εὐαγρίου)   om. γὰρ Parall. Ant.   9 om. ψυχῶν Ant.   15—17 βουλομέναις—
συνεστάλη] Leontius Vat. Gr. 1553 f. 56: Coisl. f. 252ᵃ: Parall. Vat. et Scor.
315 et 684 Paris f. 325ᵃ   15 om. γὰρ Coisl. Vat. Scor. (utr. loc.) Paris
16 ὁ θεὸς ante ταῖς Leont. Coisl. Parall: edd. omn.   ψυχαῖς] pr. ἡμετέραις
Leont. Coisl. Vat. Scor. 684   ἐμπνεῖ Coisl.   ἀποστῆεν Scor. 684
ἀποστεεν Paris   17 θεοῦ] pr. τοῦ Vat. Scor. 315   συνεστάλει Paris (ει ex
η factum)   17, 18 τὸ μὲν—χαριζομένου] Leontius Vat. Gr. 1553 f. 56   17 om.
γὰρ Leont.   18 ἐστὶν Leont.   19 p. 16—2 p. 17 οὐδὲ—ἡττώμενος] Coisl.
f. 133ᵇ. Parall. Vat. et Scor. 383, 612 et 712 Rup. f. 126ᵇ et f. 212ᵇ Paris f. 98ᵇ
et f. 363ᵃ   19 οὐδὲ] οὐ Coisl. et Parall: edd. omn (sed Rup. 212ᵇ οὕτω καθεζόν-
των)   καὶ]+τῶν Rup. 126ᵇ Paris 98ᵇ   βλακευομένων Scor. 612 Rup. 126ᵇ 212ᵇ
om. ἐστὶν Coisl. Vat. Scor. 383, 712 Paris 98ᵇ   20 ἀλλ' οἱ] ἄλλοι Paris 98ᵇ
21 μόνον] μόνη Vat. Scor. 383 μόνη ἡ Coisl. Vat. Scor. 612, 712 Rup. 126ᵇ
212ᵇ Paris 98ᵇ 363ᵃ   καλὴ] καλεῖ Paris 98ᵇ   βιάζεσθαι Vat.
712   θεοῦ] θεῷ Scor. 383   22 βιαίους (βιαίως Scor. 712 Paris 363ᵃ)
μᾶλλον δὲ (om. δὲ Paris 363ᵃ) βεβαίως Vat. 612, 712 Scor. 712 Rup. 212ᵇ
Paris 363ᵃ

ἀντεχομένους συνεχώρησεν καὶ εἶξεν· χαίρει γὰρ ὁ θεὸς τὰ τοιαῦτα ἡττώμενος. τοιγάρτοι τούτων ἀκούσας ὁ μακάριος Πέτρος, ὁ ἐκλεκτός, ὁ ἐξαίρετος, ὁ πρῶτος τῶν μαθητῶν, ὑπὲρ οὗ μόνου καὶ ἑαυτοῦ τὸν φόρον ὁ σωτὴρ ἐκτελεῖ, ταχέως cf. Mt xvii 27
5 ἥρπασε καὶ συνέβαλε τὸν λόγον· καὶ τί φησιν; Ἰδὲ ἡμεῖς Mc x 28 ἀφήκαμεν πάντα καὶ ἠκολουθήσαμέν σοι. τὰ δὲ Πάντα εἰ μὲν τὰ κτήματα τὰ ἑαυτοῦ λέγει, τέσσαρας ὀβολοὺς ἴσως <τὸ> τοῦ λόγου καταλιπὼν μεγαλύνεται, καὶ τούτων ἀνταξίαν ἀποφαίνων ἂν λάθοι τὴν βασιλείαν τῶν οὐρανῶν· εἰ δέ, ἅπερ
10 ἄχρι νῦν λέγομεν, τὰ παλαιὰ νοητὰ κτήματα καὶ ψυχικὰ νοσήματα ἀπορρίψαντες ἕπονται κατ' ἴχνος τοῦ διδασκάλου, τοῦτ' ἂν ἅπτοιτο ἤδη τοῖς ἐν οὐρανοῖς ἐγγραφησομένοις. cf. He xii 23
οὕτως γὰρ ἀκολουθεῖν <ἔνι> ὄντως τῷ σωτῆρι ἀναμαρτησίαν καὶ τελειότητα τὴν ἐκείνου μετερχόμενον, καὶ πρὸς
15 ἐκεῖνον ὥσπερ κάτοπτρον κοσμοῦντα καὶ ῥυθμίζοντα τὴν ψυχὴν καὶ πάντα διὰ πάντων ὁμοίως διατιθέντα.

948   22. Ἀποκριθεὶς δὲ Ἰησοῦς Ἀμὴν ὑμῖν λέγω, ὃς ἂν ἀφῇ Mc x 29 τὰ ἴδια καὶ γονεῖς καὶ ἀδελφοὺς καὶ χρήματα ἕνεκεν ἐμοῦ |
f. 336ᵃ καὶ ἕνεκεν τοῦ εὐαγγελίου, ἀπολήψεται ἑκατονταπλασί-
20 ονα. ἀλλὰ μηδὲ τοῦθ' ἡμᾶς ἐπιταρασσέτω, μηδὲ τὸ ἔτι τούτου σκληρότερον ἀλλαχοῦ ταῖς φωναῖς ἐξενηνεγμένον· Ὅς οὐ μισεῖ πατέρα καὶ μητέρα καὶ παῖδας, προσέτι δὲ καὶ Lc xiv 26 τὴν ἑαυτοῦ ψυχήν, ἐμὸς μαθητὴς εἶναι οὐ δύναται. οὐ γὰρ εἰσηγεῖται μῖσος καὶ διάλυσιν ἀπὸ τῶν φιλτάτων ὁ τῆς
25 εἰρήνης θεός, ὅ γε καὶ τοὺς ἐχθροὺς ἀγαπᾶν παραινῶν. εἰ cf. Mt v 44; Lc vi 27, 35 δὲ τοὺς ἐχθροὺς ἀγαπητέον, ἀνάλογον ἀπ' ἐκείνων ἀνιόντι καὶ τοὺς ἐγγυτάτω γένους· ἢ εἰ μισητέον τοὺς πρὸς αἵματος, πολὺ μᾶλλον τοὺς ἐχθροὺς προβάλλεσθαι κατιὼν ὁ λόγος διδάσκει, ὥστ' ἀλλήλους ἀναιροῦντες ἐλέγχοιντ' ἂν οἱ λόγοι.
30 ἀλλ' οὐδ' ἀναιροῦσιν οὐδ' ἐγγύς, ἀπὸ γὰρ τῆς αὐτῆς γνώμης καὶ διαθέσεως καὶ ἐπὶ τῷ αὐτῷ ὅρῳ πατέρα μισοίη τις ἂν ἐχθρὸν ἀγαπῶν, ὁ μήτε ἐχθρὸν ἀμυνόμενος, μήτε πατέρα Χριστοῦ πλέον αἰδούμενος. ἐν ἐκείνῳ μὲν γὰρ τῷ λόγῳ

---

1 συνεχώρησε Vat. Scor. 383 Rup. 126ᵇ 212ᵇ   om. καὶ S   εἶξε Vat. 383, 612 Rup. 126ᵇ 212ᵇ εἶξεν ex ἦξεν factum Coisl. ἦξεν Scor. ubique om. ὁ θεὸς Vat. Scor. 712   8 <τὸ> addidit Segaar   9 ἅπερ] ad marg. additum a pr. man.   10 νοητὰ] forsitan legendum ἀνόητα J. B. Mayor
13 <ἔνι> addidi   15 κοσμῶντα   31 ἐπὶ τὸ αὐτὸ ὅρων J. B. Mayor

B.   2

μῖσος ἐκκόπτει καὶ κακοποιίαν, ἐν τούτῳ δὲ τὴν πρὸς τὰ σύντροφα δυσωπίαν, εἰ βλάπτοι πρὸς σωτηρίαν. εἰ γοῦν ἄθεος εἴη τινὶ πατὴρ ἢ υἱὸς ἢ ἀδελφὸς, καὶ κώλυμα τῆς πίστεως γένοιτο καὶ ἐμπόδιον τῆς ἄνω ζωῆς, τούτῳ μὴ συμφερέσθω μηδὲ ὁμονοείτω, ἀλλὰ τὴν σαρκικὴν οἰκειότητα διὰ τὴν πνευματικὴν ἔχθραν διαλυσάτω.

23. Νόμισον εἶναι τὸ πρᾶγμα διαδικασίαν. ὁ μὲν πατήρ σοι δοκείτω παρεστὼς λέγειν· Ἐγώ σε ἔσπειρα καὶ ἔθρεψα, ἀκολούθει μοι καὶ συναδίκει καὶ μὴ πείθου τῷ Χριστοῦ νόμῳ· καὶ ὁπόσα ἂν εἴποι βλάσφημος ἄνθρωπος καὶ νεκρὸς τῇ φύσει. ἑτέρωθεν δὲ ἄκουε τοῦ σωτῆρος· Ἐγώ σε ἀνεγέννησα κακῶς ὑπὸ κόσμου πρὸς θάνατον γεγεννημένον, ἠλευθέρωσα, ἰασάμην, ἐλυτρωσάμην· ἐγώ σοι παρέξω ζωὴν ἄπαυστον, αἰώνιον, ὑπερκόσμιον· ἐγώ σοι δείξω θεοῦ πατρὸς ἀγαθοῦ πρόσωπον· μὴ κάλει σεαυτῷ πατέρα ἐπὶ γῆς· οἱ νεκροὶ τοὺς νεκροὺς θαπτέτωσαν, σὺ δέ μοι ἀκολούθει, | ἀνάξω γάρ σε εἰς ἀνάπαυσιν ἀρρήτων καὶ ἀλέκτων ἀγαθῶν, ἃ μήτε ὀφθαλμὸς εἶδε, μήτε οὖς ἤκουσε, μήτε ἐπὶ καρδίαν ἀνθρώπων ἀνέβη, εἰς ἃ ἐπιθυμοῦσιν ἄγγελοι παρακύψαι, καὶ ἰδεῖν ἅπερ ἡτοίμασεν ὁ θεὸς τοῖς ἁγίοις ἀγαθὰ καὶ τοῖς φιλοῦσιν αὐτὸν τέκνοις. ἐγώ σου τροφεὺς ἄρτον ἐμαυτὸν διδούς, οὗ γευσάμενος οὐδεὶς ἔτι πεῖραν θανάτου λαμβάνει, καὶ πόμα καθ' ἡμέραν ἐνδιδοὺς ἀθανασίας· ἐγὼ διδάσκαλος ὑπερουρανίων παιδευμάτων· ὑπὲρ σοῦ πρὸς τὸν θάνατον διηγωνισάμην, καὶ τὸν σὸν ἐξέτισα θάνατον, ὃν ὤφειλες ἐπὶ τοῖς προημαρτημένοις καὶ τῇ πρὸς θεὸν ἀπιστίᾳ. τούτων τῶν λόγων ἑκατέρωθεν διακούσας ὑπὲρ σεαυτοῦ δίκασον, καὶ τὴν ψῆφον ἀνένεγκε τῇ σαυτοῦ σωτηρίᾳ. κἂν ἀδελφὸς ὅμοια λέγῃ κἂν τέκνον κἂν γυνὴ κἂν ὁστισοῦν, πρὸ πάντων ἐν σοὶ Χριστὸς ὁ νικῶν ἔστω· ὑπὲρ σοῦ γὰρ ἀγωνίζεται.

24. Δύνασαι καὶ τῶν χρημάτων ἐπίπροσθεν εἶναι; φράσον, καὶ οὐκ ἀπάγει σε Χριστὸς τῆς κτήσεως, ὁ κύριος οὐ φθονεῖ. ἀλλ' ὁρᾷς σεαυτὸν ἡττώμενον ὑπ' αὐτῶν καὶ ἀνατρεπόμενον; ἄφες, ῥῖψον, μίσησον, ἀπόταξαι, φύγε· κἂν ὁ δεξιός σου ὀφθαλμὸς σκανδαλίζῃ σε, ταχέως ἔκκοψον αὐτόν·

8 ἔσπειρα] ad marg. additum a pr. manu   10 ὁπόσα (H. Jackson)] ὅτι ὅσα   17 ἀνάπαυσιν] Segaar ἀπόλαυσιν coniecit   31 εἶναι;] εἶναι·
31, 32 φράσον] forsitan legendum φθάσον (i.e. φθάσας ποίησον) J. B. Mayor

αἱρετώτερον ἑτεροφθάλμῳ βασιλεία θεοῦ ἢ ὁλοκλήρῳ τὸ πῦρ·
κἂν χεὶρ κἂν ποὺς κἂν ἡ ψυχὴ, μίσησον αὐτήν· ἂν γὰρ cf. Lc xiv 26
ἐνταῦθα ἀπόληται ὑπὲρ Χριστοῦ <ἐκεῖ σωθήσεται>. cf. Mc viii 35
25. Ταύτης δὲ ὁμοίως ἔχεται τῆς γνώμης καὶ τὸ ἐπό-
5 μενον· Νῦν δὲ ἐν τῷ καιρῷ τούτῳ ἀγροὺς καὶ χρήματα καὶ Mc x 30
οἰκίας καὶ ἀδελφοὺς ἔχειν μετὰ διωγμῶν †εἷς π ου†. οὔτε
γὰρ ἀχρημάτους οὔτε ἀνεστίους οὔτε ἀναδέλφους ἐπὶ τὴν
ζωὴν καλεῖ· ἐπεὶ καὶ πλουσίους κέκληκεν, ἀλλ' ὃν τρόπον
προειρήκαμεν, καὶ ἀδελφοὺς κατ' αὐτὸν, ὥσπερ Πέτρον
10 μετὰ Ἀνδρέου καὶ Ἰάκωβον μετὰ Ἰωάννου, τοὺς Ζεβεδαίου
f. 337ᵃ παῖδας, ἀλλ' ὁμονοοῦντας | ἀλλήλοις τε καὶ Χριστῷ· τὸ δὲ
μετὰ διωγμῶν ταῦτα ἕκαστα ἔχειν ἀποδοκιμάζει. διωγμὸς
δέ, ὁ μέν τις ἔξωθεν περιγίνεται, τῶν ἀνθρώπων ἢ δι' ἔχθραν
ἢ διὰ φθόνον ἢ διὰ φιλοκέρδειαν ἢ κατ' ἐνέργειαν διαβολικὴν
15 τοὺς πιστοὺς ἐλαυνόντων· ὁ δὲ χαλεπώτατος ἔνδοθέν ἐστι
διωγμὸς ἐξ αὐτῆς ἑκάστῳ τῆς ψυχῆς προπεμπόμενος λυμαι-
νομένης ὑπὸ ἐπιθυμιῶν ἀθέων καὶ ἡδονῶν ποικίλων καὶ
φαύλων ἐλπίδων καὶ φθαρτῶν ὀνειροπολημάτων, ὅταν, ἀεὶ
τῶν πλειόνων ὀρεγομένη καὶ λυσσῶσα ὑπὸ ἀγρίων ἐρώτων
20 καὶ φλεγομένη, καθάπερ κέντροις ἢ μύωψι τοῖς προκειμένοις
αὐτῇ πάθεσιν ἐξαιμάσσηται πρὸς σπουδὰς μανιώδεις καὶ
ζωῆς ἀπόγνωσιν καὶ θεοῦ καταφρόνησιν. οὗτος ὁ διωγμὸς
βαρύτερος καὶ χαλεπώτερος, ἔνδοθεν ὁρμώμενος, ἀεὶ συνὼν,
ὃν οὐδὲ ἐκφυγεῖν ὁ διωκόμενος δύναται· τὸν γὰρ ἐχθρὸν ἐν
25 ἑαυτῷ περιάγει πανταχοῦ. οὕτω καὶ πύρωσις, ἡ μὲν ἔξωθεν
προσπίπτουσα δοκιμασίαν κατεργάζεται, ἡ δὲ ἔνδοθεν θάνα- cf. 1 Co iii 13
τον διαπράσσεται· καὶ πόλεμος, ὁ μὲν ἐπακτὸς ῥᾳδίως
καταλύεται, ὁ δὲ ἐν τῇ ψυχῇ μέχρι θανάτου παραμετρεῖται.
μετὰ διωγμοῦ τοιούτου πλοῦτον ἐὰν ἔχῃς τὸν αἰσθητὸν, κἂν
30 ἀδελφοὺς τοὺς πρὸς αἵματος καὶ τὰ ἄλλα ἐνέχυρα, κατάλιπε
τὴν τούτων παγκτησίαν τὴν ἐπὶ κακῷ, εἰρήνην σεαυτῷ παρά-
σχες, ἐλευθερώθητι διωγμοῦ μακροῦ, ἀποστράφηθι πρὸς τὸ
εὐαγγέλιον ἀπ' ἐκείνων, ἑλοῦ τὸν σωτῆρα πρὸ πάντων, τὸν
τῆς σῆς συνήγορον καὶ παράκλητον ψυχῆς, τὸν τῆς ἀπείρου

3 <ἐκεῖ σωθήσεται> addidit Segaar   6 cf. § 4   7 ἀναδέλφους] forsitan
μόνους addendum est, J. B. Mayor   14 φιλοκερδίαν   16, 17 λοιμαινομένης
20 μοίωψι   27 διαταράσσεται (Ghisler διαπράττεται)   29 τοιούτου (Ghisler)]
τοιοῦτον

πρύτανιν ζωῆς. τὰ γὰρ βλεπόμενα πρόσκαιρα, τὰ δὲ μὴ
βλεπόμενα αἰώνια· καὶ ἐν μὲν τῷ παρόντι χρόνῳ ὠκύμορα 950
καὶ ἀβέβαια, ἐν δὲ τῷ ἐρχομένῳ ζωή ἐστιν αἰώνιος.
26. Ἔσονται οἱ πρῶτοι ἔσχατοι καὶ οἱ ἔσχατοι πρῶτοι.
τοῦτο πολύχουν μέν ἐστι | κατὰ τὴν ὑπόνοιαν καὶ τὸν σαφη- f. 337ᵇ
νισμὸν, οὐ μὴν ἕν γε τῷ παρόντι τὴν ζήτησιν ἀπαιτεῖ· οὐ
γὰρ μόνον ῥέπει πρὸς τοὺς πολυκτήμονας, ἀλλ' ἁπλῶς πρὸς
ἅπαντας ἀνθρώπους τοὺς πίστει καθάπαξ ἑαυτοὺς ἐπιδι-
δόντας. ὥστε τοῦτο μὲν ἀνακείσθω τὰ νῦν· τὸ δέ γε προ-
κείμενον ἡμῖν οἶμαι μηδέν τι ἀδεέστερον τῆς ἐπαγγελίας 10
δεδεῖχθαι, ὅτι τοὺς πλουσίους οὐδένα τρόπον ὁ σωτὴρ κατ' αὐ-
τόν γε τὸν πλοῦτον καὶ τὴν περιβολὴν τῆς κτήσεως ἀπο-
κέκλεικεν, οὐδ' αὐτοῖς ἀποτετάφρευκεν τὴν σωτηρίαν, εἴγε
δύναιντο καὶ βούλοιντο ὑποκύπτειν τοῦ θεοῦ ταῖς ἐντολαῖς,
καὶ τῶν προσκαίρων προτιμῷεν τὴν ἑαυτῶν ζωήν, καὶ βλέ- 15
ποιεν πρὸς τὸν κύριον ἀτενεῖ τῷ βλέμματι, καθάπερ εἰς
ἀγαθοῦ κυβερνήτου νεῦμα δεδορκότες, τί βούλεται, τί προσ-
τάσσει, τί σημαίνει, τί δίδωσι τοῖς αὐτοῦ ναύταις τὸ σύν-
θημα, ποῦ καὶ πόθεν τὸν ὅρμον ἐπαγγέλλεται. τί γὰρ
ἀδικεῖ τις, εἰ προσέχων τὴν γνώμην καὶ φειδόμενος πρὸ τῆς 20
πίστεως βίον ἱκανὸν συνελέξατο; ἢ καὶ <τὸ> τούτου μᾶλλον
ἀνέγκλητον, εἰ εὐθὺς ὑπὸ τοῦ θεοῦ τοῦ τὴν ψυχὴν νέμοντος
εἰς οἶκον τοιούτων ἀνθρώπων εἰσῳκίσθη καὶ γένος ἀμφι-
λαφὲς, τοῖς χρήμασιν ἰσχύον καὶ τῷ πλούτῳ κρατοῦν; εἰ
γὰρ διὰ τὴν ἀκούσιον ἐν πλούτῳ γένεσιν ἀπελήλαται ζωῆς, 25
ἀδικεῖται μᾶλλον ὑπὸ τοῦ γειναμένου θεοῦ, προσκαίρου μὲν
ἡδυπαθείας κατηξιωμένος, ἀϊδίου δὲ ζωῆς ἀπεστερημένος.
τί δ' ὅλως πλοῦτον ἐχρῆν ἐκ γῆς ἀνατεῖλαί ποτε, εἰ χορηγὸς
καὶ πρόξενός ἐστι θανάτου; ἀλλ' εἰ δύναταί τις ἐνδοτέρω
τῶν ὑπαρχόντων κάμπτειν τῆς ἐξουσίας καὶ μέτρια φρονεῖν 30
καὶ σωφρονεῖν καὶ θεὸν μόνον ζητεῖν καὶ θεὸν ἀναπνεῖν καὶ
θεῷ συμπολιτεύεσθαι, πτωχὸς οὗτος παρέστηκε ταῖς ἐντο-
λαῖς, ἐλεύθερος, ἀήττητος, ἄνοσος, ἄτρωτος ὑπὸ χρημάτων·
εἰ δὲ μή, θᾶττον κάμηλος διὰ βελόνης εἰσελεύσεται ἢ ὁ
τοιοῦτος πλούσιος | ἐπὶ τὴν βασιλείαν τοῦ θεοῦ παρελεύσεται. f. 338ᵃ

3 ζωήν (cf. § 4)   21 <τὸ> addidit Ghisler   26 γειναμένου (Ghisler)]
γινομένου   30 τῆς ἐξουσίας] forsitan glossema ad τῶν ὑπαρχόντων, J. B. Mayor

σημαινέτω μὲν οὖν τι καὶ ὑψηλότερον ἡ κάμηλος διὰ στενῆς cf. Mt vii 14
ὁδοῦ καὶ τεθλιμμένης φθάνουσα τὸν πλούσιον, ὅπερ ἐν τῇ
περὶ ἀρχῶν καὶ θεολογίας ἐξηγήσει μυστήριον τοῦ σωτῆρος
ὑπάρχει μαθεῖν. (27.) οὐ μὴν ἀλλὰ τό γε φαινόμενον
5 πρῶτον καὶ δι' ὃ λέλεκται τῆς παραβολῆς παρεχέσθω.
διδασκέτω τοὺς εὐποροῦντας ὡς οὐκ ἀμελητέον τῆς ἑαυτῶν
σωτηρίας ὡς ἤδη προκατεγνωσμένους, οὐδὲ καταποντιστέον
951 αὖ πάλιν τὸν πλοῦτον οὐδὲ καταδικαστέον ὡς τῆς ζωῆς ἐπί-
βουλον καὶ πολέμιον, ἀλλὰ μαθητέον τίνα τρόπον καὶ πῶς
10 πλούτῳ χρηστέον καὶ τὴν ζωὴν κτητέον. ἐπειδὴ γὰρ οὔτε
ἐκ παντὸς ἀπόλλυταί τις, ὅτι πλουτεῖ δεδιώς, οὔτε ἐκ παντὸς
σῴζεται θαρρῶν καὶ πιστεύων ὡς σωθήσεται, φέρε σκεπτέον
ἥντινα τὴν ἐλπίδα αὐτοῖς ὁ σωτὴρ ὑπογράφει, καὶ πῶς ἂν τὸ
μὲν ἀνέλπιστον ἐχέγγυον γένοιτο, τὸ δὲ ἐλπισθὲν εἰς κτῆσιν
15 ἀφίκοιτο.

27. Φησὶν οὖν ὁ διδάσκαλος, τίς ἡ μεγίστη τῶν ἐντο-
λῶν ἠρωτημένος· Ἀγαπήσεις κύριον τὸν θεόν σου ἐξ ὅλης Mc xii 30
τῆς ψυχῆς σου καὶ ἐξ ὅλης τῆς δυνάμεώς σου· ταύτης
μείζω μηδεμίαν ἐντολὴν εἶναι, καὶ μάλα εἰκότως· καὶ γὰρ
20 καὶ περὶ τοῦ πρώτου καὶ περὶ τοῦ μεγίστου παρήγγελται,
αὐτοῦ τοῦ θεοῦ πατρὸς ἡμῶν, δι' οὗ καὶ γέγονε καὶ ἔστι cf. Ro xi 36
τὰ πάντα, καὶ εἰς ὃν τὰ σῳζόμενα πάλιν ἐπανέρχεται. ὑπὸ
τούτου τοίνυν προαγαπηθέντας καὶ τοῦ γενέσθαι τυχόντας
οὐχ ὅσιον ἄλλο τι πρεσβύτερον ἄγειν καὶ τιμιώτερον, ἐκ-
25 τίνοντας μόνην τὴν χάριν ταύτην μικρὰν ἐπὶ μεγίστοις, ἄλλο
δὲ μηδοτιοῦν ἔχοντας ἀνενδεεῖ καὶ τελείῳ θεῷ πρὸς ἀμοιβὴν
ἐπινοῆσαι, αὐτὸ δὲ τὸ ἀγαπᾶν τὸν πατέρα εἰς οἰκείαν ἰσχὺν
καὶ δύναμιν ἀφθαρσίας κομιζομένους· ὅσον γὰρ ἀγαπᾷ τις
θεόν, τοσούτῳ καὶ πλέον ἐνδοτέρω τοῦ θεοῦ παραδύεται.

30 28. Δευτέραν δὲ τάξει καὶ οὐδέν τι μικροτέραν ταύτης
εἶναι λέγει τό· Ἀγαπήσεις τὸν πλησίον σου ὡς σεαυτόν· Lc x 27, 29
οὐκοῦν τὸν θεὸν ὑπὲρ σεαυτόν. πυνθανομένου δὲ τοῦ προσ-
f. 338ᵇ δια|λεγομένου τίς ἐστιν πλησίον; οὐ τὸν αὐτὸν τρόπον
Ἰουδαίοις προωρίσατο τὸν πρὸς αἵματος οὐδὲ τὸν πολίτην
35 οὐδὲ τὸν προσήλυτον οὐδὲ τὸν ὁμοίως περιτετμημένον οὐδὲ

2 φθάνουσαν 2, 3 τῇ περὶ ἀρχῶν κτέ] cf. Zahn, Forschungen iii. 38
5 διὸ 8 οὐδὲ (J. B. Mayor)] οὔτε 19 μείζων 24 ἀλλ' ὅτι 24, 25
ἐκτείνοντες

τὸν ἑνὶ καὶ ταὐτῷ νόμῳ χρώμενον· ἀλλὰ ἄνωθεν καταβαίνων ἀπὸ Ἰερουσαλὴμ ἄγει τῷ λόγῳ τινὰ εἰς Ἰεριχὼ, καὶ τοῦτον δείκνυσιν ὑπὸ ληστῶν συγκεκεντημένον, ἐρριμμένον ἡμιθνῆτα ἐπὶ τῆς ὁδοῦ, ὑπὸ ἱερέως παροδευόμενον, ὑπὸ Λευίτου παρορώμενον, ὑπὸ δὲ τοῦ Σαμαρείτου τοῦ ἐξωνει- 5 δισμένου καὶ ἀφωρισμένου κατελεούμενον, ὃς οὐχὶ κατὰ τύχην ὡς ἐκεῖνοι παρῆλθον, ἀλλ' ἧκε συνεσκευασμένος ὧν ὁ κινδυνεύων ἐδεῖτο, οἶνον, ἔλαιον, ἐπιδέσμους, κτῆνος, μισθὸν τῷ πανδοχεῖ, τὸν μὲν ἤδη διδόμενον, τὸν δὲ προσυπισχνούμενον. Τίς, ἔφη, τούτων γέγονε πλησίον τῷ τὰ δεινὰ πα- 10 θόντι; τοῦ δὲ ἀποκριναμένου ὅτι Ὁ τὸν ἔλεον πρὸς αὐτὸν ἐπιδειξάμενος· Καὶ σὺ τοίνυν πορευθεὶς οὕτω ποίει· ὡς τῆς ἀγάπης βλαστανούσης εὐποιίαν.

29. Ἐν ἀμφοτέραις μὲν οὖν ταῖς ἐντολαῖς ἀγάπην εἰσηγεῖται, τάξει δ' αὐτὴν διῄρηκε, καὶ ὅπου μὲν τὰ πρωτεῖα τῆς 15 ἀγάπης ἀνάπτει τῷ θεῷ, ὅπου δὲ τὰ δευτερεῖα νέμει τῷ πλησίον. τίς δ' ἂν ἄλλος οὗτος εἴη πλὴν αὐτὸς ὁ σωτήρ; ἢ τίς μᾶλλον ἡμᾶς ἐλεήσας ἐκείνου, τοὺς ὑπὸ τῶν κοσμοκρατόρων τοῦ σκότους ὀλίγου τεθανατωμένους τοῖς πολλοῖς τραύμασι, φόβοις, ἐπιθυμίαις, ὀργαῖς, λύπαις, ἀπάταις, ἡδο- 20 ναῖς; τούτων δὲ τῶν τραυμάτων μόνος ἰατρὸς Ἰησοῦς, ἐκκόπτων ἄρδην τὰ πάθη πρόρριζα, οὐχ ὥσπερ ὁ νόμος ψιλὰ τὰ ἀποτελέσματα, τοὺς καρποὺς τῶν πονηρῶν φυτῶν, ἀλλὰ τὴν ἀξίνην τὴν ἑαυτοῦ πρὸς τὰς ῥίζας τῆς κακίας προσαγαγών. οὗτος <ὁ> τὸν οἶνον, τὸ αἷμα τῆς ἀμπέλου τῆς 25 Δαβὶδ, ἐκχέας ἡμῶν ἐπὶ τὰς τετρωμένας ψυχὰς, τὸν ἐκ σπλάγχνων πατρὸς ἔλεον προσενεγκὼν | καὶ ἐπιδαψιλευόμενος· οὗτος ὁ τοὺς τῆς ὑγείας καὶ σωτηρίας δεσμοὺς ἀλύτους ἐπιδείξας, ἀγάπην, πίστιν, ἐλπίδα· οὗτος ὁ διακονεῖν ἀγγέλους καὶ ἀρχὰς καὶ ἐξουσίας ἡμῖν ἐπιτάξας ἐπὶ μεγάλῳ 30 μισθῷ, διότι καὶ αὐτοὶ ἐλευθερωθήσονται ἀπὸ τῆς ματαιότητος τοῦ κόσμου παρὰ τὴν ἀποκάλυψιν τῆς δόξης τῶν υἱῶν τοῦ θεοῦ. τοῦτον οὖν ἀγαπᾶν ἴσα χρὴ τῷ θεῷ· ἀγαπᾷ δὲ Χριστὸν Ἰησοῦν ὁ τὸ θέλημα αὐτοῦ ποιῶν καὶ φυλάσσων αὐτοῦ τὰς ἐντολάς. Οὐ γὰρ πᾶς ὁ λέγων μοι Κύριε 35

1, 2 forsitan legendum καταβαίνοντα   7 ὧν   22 πρόρριζα   25 <ὁ> addidit Ghisler

κύριε εἰσελεύσεται εἰς τὴν βασιλείαν τῶν οὐρανῶν, ἀλλ' ὁ
ποιῶν τὸ θέλημα τοῦ πατρός μου· καί· Τί με λέγετε Κύριε
κύριε, καὶ οὐ ποιεῖτε ἃ λέγω; καί· Ὑμεῖς μακάριοι οἱ
ὁρῶντες καὶ ἀκούοντες ἃ μήτε δίκαιοι μήτε προφῆται, ἐὰν
5 ποιῆτε ἃ λέγω.

30. Πρῶτος μὲν οὖν οὗτός ἐστιν ὁ Χριστὸν ἀγαπῶν,
δεύτερος δὲ ὁ τοὺς ἐκείνῳ πεπιστευκότας τιμῶν καὶ περιέ-
πων. ὁ γὰρ ἄν τις εἰς μαθητὴν ἐργάσηται, τοῦτο εἰς ἑαυτὸν
ὁ κύριος ἐκδέχεται καὶ πᾶν ἑαυτοῦ ποιεῖται. Δεῦτε, οἱ εὐλο-
10 γημένοι τοῦ πατρός μου, κληρονομήσατε τὴν ἡτοιμασμένην
ὑμῖν βασιλείαν ἀπὸ καταβολῆς κόσμου· ἐπείνασα γὰρ καὶ
ἐδώκατέ μοι φαγεῖν, καὶ ἐδίψησα καὶ ἐδώκατέ μοι πιεῖν,
καὶ ξένος ἤμην καὶ συνηγάγετέ με, γυμνὸς ἤμην καὶ ἐνεδύ-
σατέ με, ἠσθένησα καὶ ἐπεσκέψασθέ με, ἐν φυλακῇ ἤμην
15 καὶ ἤλθετε πρός μέ. τότε ἀποκριθήσονται αὐτῷ οἱ δίκαιοι
λέγοντες· Κύριε, πότε σε εἴδομεν πεινῶντα καὶ ἐθρέψαμεν,
ἢ διψῶντα καὶ ἐποτίσαμεν; πότε δὲ εἴδομέν σε ξένον καὶ
συνηγάγομεν, ἢ γυμνὸν καὶ περιεβάλομεν; ἢ πότε σε εἴδομεν
ἀσθενοῦντα καὶ ἐπεσκεψάμεθα, ἢ ἐν φυλακῇ καὶ ἤλθομεν
20 πρὸς σέ; ἀποκριθεὶς ὁ βασιλεὺς ἐρεῖ αὐτοῖς· Ἀμὴν λέγω
ὑμῖν, ἐφ' ὅσον ἐποιήσατε ἑνὶ τούτων τῶν ἀδελφῶν μου τῶν
ἐλαχίστων, ἐμοὶ ἐποιήσατε. πάλιν ἐκ τῶν ἐναντίων τοὺς
f. 339ᵇ ταῦτα μὴ παρασχόντας αὐτοῖς | εἰς τὸ πῦρ ἐμβάλλει τὸ αἰώ-
νιον, ὡς αὐτῷ μὴ παρεσχηκότας. καὶ ἀλλαχοῦ· Ὁ ὑμᾶς
25 δεχόμενος ἐμὲ δέχεται, ὁ ὑμᾶς μὴ δεχόμενος ἐμὲ ἀθετεῖ.

31. Τούτους καὶ τέκνα καὶ παιδία καὶ νήπια καὶ φί-
λους ὀνομάζει καὶ μικροὺς ἐνθάδε ὡς πρὸς τὸ μέλλον ἄνω
953 μέγεθος αὐτῶν, Μὴ καταφρονήσητε, λέγων, ἑνὸς τῶν μικρῶν
τούτων· τούτων γὰρ οἱ ἄγγελοι διὰ παντὸς βλέπουσι τὸ
30 πρόσωπον τοῦ πατρός μου τοῦ ἐν οὐρανοῖς. καὶ ἑτέρωθι· Μὴ
φοβεῖσθε, τὸ μικρὸν ποίμνιον· ὑμῖν γὰρ ηὐδόκησεν ὁ πατὴρ
παραδοῦναι τὴν βασιλείαν τῶν οὐρανῶν· κατὰ τὰ αὐτὰ καὶ
τοῦ μεγίστου ἐν γεννητοῖς γυναικῶν Ἰωάννου τὸν ἐλάχιστον
ἐν τῇ βασιλείᾳ τῶν οὐρανῶν, τουτέστι τὸν ἑαυτοῦ μαθητήν,
35 εἶναι μείζω λέγει· καὶ πάλιν· Ὁ δεχόμενος δίκαιον ἢ προ-
φήτην εἰς ὄνομα δικαίου ἢ προφήτου τὸν ἐκείνων μισθὸν

6 οὖν supra lin. additum a pr. manu   22 ἐλλαχίστων   33 ἐλάχιστον

λήψεται, ὁ δὲ μαθητὴν ποτίσας εἰς ὄνομα μαθητοῦ ποτήριον ψυχροῦ ὕδατος τὸν μισθὸν οὐκ ἀπολέσει. οὐκοῦν οὗτος μόνος ὁ μισθὸς οὐκ ἀπολλύμενός ἐστι. καὶ αὖθις· Ποιήσατε ἑαυτοῖς φίλους ἐκ τοῦ μαμωνᾶ τῆς ἀδικίας, ἵνα, ὅταν ἐκλίπητε, δέξωνται ὑμᾶς εἰς τὰς αἰωνίους σκηνάς· φύσει μὲν ἅπασαν κτῆσιν, ἣν αὐτός τις ἐφ' ἑαυτοῦ κέκτηται ὡς ἰδίαν οὖσαν καὶ οὐκ εἰς κοινὸν τοῖς δεομένοις κατατίθησιν, ἄδικον οὖσαν ἀποφαίνων· ἐκ δὲ ταύτης τῆς ἀδικίας ἐνὸν καὶ πρᾶγμα δίκαιον ἐργάσασθαι καὶ σωτήριον, ἀναπαῦσαί τινα τῶν ἐχόντων αἰώνιον σκηνὴν παρὰ τῷ πατρί.

32. (31.) Ὅρα πρῶτον μὲν ὡς οὐκ ἀπαιτεῖσθαί σε κεκέλευκεν οὐδὲ ἐνοχλεῖσθαι περιμένειν, ἀλλὰ αὐτὸν ζητεῖν τοὺς εὖ πεισομένους ἀξίους τε ὄντας τοῦ σωτῆρος μαθητάς. καλὸς μὲν οὖν καὶ ὁ τοῦ ἀποστόλου λόγος· Ἱλαρὸν γὰρ δότην ἀγαπᾷ ὁ θεός, χαίροντα τῷ διδόναι καὶ μὴ φειδόμενον ὡς σπείροντα, ἵνα μὴ οὕτως καὶ θερίσῃ, δίχα γογγυσμῶν καὶ διακρίσεως καὶ λύπης καὶ κοινωνοῦντα, ὅπερ ἐστὶν εὐεργε|σία καθαρά. κρείττων δ' ἐστὶ τούτου ὁ τοῦ κυρίου λελεγμένος ἐν ἄλλῳ χωρίῳ· Παντὶ τῷ αἰτοῦντί σε δίδου. θεοῦ γὰρ ὄντως ἡ τοιαύτη φιλοδωρία· οὑτοσὶ δὲ ὁ λόγος ὑπὲρ ἅπασάν ἐστι θεότητα, μηδὲ αἰτεῖσθαι περιμένειν, ἀλλ' αὐτὸν ἀναζητεῖν ὅστις ἄξιος εὖ παθεῖν, (32.) ἔπειτα τηλικοῦτον μισθὸν ὁρίσαι τῆς κοινωνίας, αἰώνιον σκηνήν. ὦ καλῆς ἐμπορίας· ὦ θείας ἀγορᾶς· ὠνεῖται χρημάτων τις ἀφθαρσίαν, καὶ δοὺς τὰ διολλύμενα τοῦ κόσμου μονὴν τούτων αἰώνιον ἐν οὐρανοῖς ἀντιλαμβάνει. πλεῦσον ἐπὶ ταύτην, ἂν σωφρονῇς, τὴν πανήγυριν, ὦ πλούσιε· κἂν δέῃ, περίελθε γῆν ὅλην, μὴ φείσῃ κινδύνων καὶ πόνων, ἵν' ἐνταῦθα βασιλείαν οὐράνιον ἀγοράσῃς. τί σε λίθοι διαφανεῖς καὶ σμάραγδοι τοσοῦτον εὐφραίνουσι καὶ οἰκεία τροφὴ πυρὸς ἢ χρόνου παίγνιον ἢ σεισμοῦ πάρεργον ἢ ὕβρισμα τυράννου; ἐπιθύμησον ἐν οὐρανοῖς οἰκῆσαι καὶ βασιλεῦσαι μετὰ θεοῦ· ταύτην σοι τὴν βασιλείαν ἄνθρωπος δώσει θεὸν ἀπομιμούμε-

13 εὖ] οὐ, sed ad marg. a manu xv ut uid. saeculi ἴσως εὖ   15, 16 φειδ. ὡς] legendum forsitan cum Segaar φειδομένως   18 καθαρά (Segaar)] καθά   20 φιλοδωρεά (correxit Segaar)   21, 22 αὐτὸν (J.B. Mayor)] αὐτὸς   28 γῆν (Combefisius)] τὴν   30 τροφὸς J. B. Mayor (uide adnot.)

νος· ἐνταῦθα μικρὰ λαβὼν, ἐκεῖ δι' ὅλων αἰώνων σύνοικόν
σε ποιήσεται. ἱκέτευσον ἵνα λάβῃ· σπεῦσον, ἀγωνίασον,
φοβήθητι μή σε ἀτιμάσῃ· οὐ γὰρ κεκέλευσται λαβεῖν, ἀλλὰ
σὺ παρασχεῖν. οὐ μὴν οὐδ' εἶπεν ὁ κύριος Δός, ἢ Παράσχες,
ἢ Εὐεργέτησον, ἢ Βοήθησον· Φίλον δὲ ποίησαι· ὁ δὲ φίλος cf. Lc xvi 9
οὐκ ἐκ μιᾶς δόσεως γίνεται, ἀλλ' ἐξ ὅλης ἀναπαύσεως καὶ
συνουσίας μακρᾶς· οὐδὲ γὰρ ἡ πίστις, οὐδὲ ἡ ἀγάπη, οὐδὲ ἡ
καρτερία μιᾶς ἡμέρας, ἀλλ' Ὁ ὑπομείνας εἰς τέλος, οὗτος Mt x 22
σωθήσεται.

33. Πῶς οὖν ὁ ἄνθρωπος ταῦτα δίδωσιν; ὅτι διὰ τὴν
ἐκείνου τιμὴν καὶ εὔνοιαν καὶ οἰκείωσιν ὁ κύριος δίδωσι·
δώσω γὰρ οὐ μόνον τοῖς φίλοις, ἀλλὰ καὶ τοῖς φίλοις τῶν
φίλων· καὶ τίς οὗτός ἐστιν, εἴποις ἄν, ὁ φίλος τοῦ θεοῦ; σὺ
μὲν μὴ κρῖνε τίς ἄξιος καὶ τίς ἀνάξιος· ἐνδέχεται γάρ σε δια-
μαρτεῖν περὶ τὴν δόξαν· ὡς ἐν ἀμφιβόλῳ δὲ τῆς ἀγνοίας
ἄμεινον καὶ τοὺς ἀναξίους εὖ ποιεῖν διὰ τοὺς ἀξίους ἢ
φυλασσόμενον τοὺς ἧσσον ἀγαθοὺς μηδὲ τοῖς σπουδαίοις
περιπεσεῖν· ἐκ μὲν γὰρ τοῦ φείδεσθαι καὶ προσποιεῖσθαι
δοκιμάζειν τοὺς εὐλόγως ἢ μὴ τευξομένους ἐνδέχεταί σε καὶ
θεοφιλῶν ἀμελῆσαί τινων, οὗ τὸ ἐπιτίμιον κόλασις ἔμπυρος
αἰώνιος· ἐκ δὲ τοῦ προΐεσθαι πᾶσιν ἑξῆς τοῖς χρῄζουσιν
ἀνάγκη πάντως εὑρεῖν τινα καὶ τῶν σῶσαι παρὰ θεῷ δυνα-
μένων. Μὴ κρῖνε τοίνυν, ἵνα μὴ κριθῇς· ᾧ μέτρῳ μετρεῖς, Mt vii 1 f
τοῦτο καὶ ἀντιμετρηθήσεταί σοι· μέτρον καλὸν πεπιεσμένον Lc vi 38
καὶ σεσαλευμένον, ὑπερεκχυνόμενον, ἀποδοθήσεταί σοι. πᾶ-
σιν ἄνοιξον τὰ σπλάγχνα τοῖς τοῦ θεοῦ μαθηταῖς ἀπογε-
γραμμένοις, μὴ πρὸς σῶμα ἀπιδὼν ὑπερόπτως, μὴ πρὸς
ἡλικίαν ἀμελῶς διατεθείς, μηδ' εἴ τις ἀκτήμων ἢ δυσείμων
ἢ δυσειδὴς ἢ ἀσθενὴς φαίνεται, πρὸς τοῦτο τῇ ψυχῇ δυσ-
χεράνῃς καὶ ἀποστραφῇς. σχῆμα τοῦτ' ἔστιν ἔξωθεν ἡμῖν

4 σὺ (sc. κεκέλευσαι) (J. B. Mayor)] σὲ   7 οὐδὲ...οὐδὲ...οὐδὲ (Potter)]
οὐδὲ...οὔτε...οὔτε   13—23 καὶ τίς—δυναμένων] Parall. Rup. 169ᵃ   13 om.
εἴποις ἄν S   om. ὁ Rup.   14 καὶ] καὶ ἦ S   ἀνάξιος] οὐκ ἄξιος Rup.   ἐνδέχεται]
+ μὲν Rup.   διαμαρτάνειν Rup.   16 τοῖς ἀναξίοις Rup.   17 φυλασσομένους S
18 ἐν μὲν γὰρ τῷ Rup.   19 δοκιμάζεσθαι S   εὐλόγους Rup.   20 τινων]
τιμῶν S, τινῶν Rup.   21 προΐεσθαι Rup. προσίεσθαι S   22, 23 δυναμένων
παρὰ τῷ θεῷ Rup.   24 τοῦτο] forsitan legendum τούτῳ cum Vat. Gr. 623

περιβεβλημένον της εις κόσμον παρόδου πρόφασις, ίν' εις το κοινὸν τοῦτο παιδευτήριον εἰσελθεῖν δυνηθῶμεν· ἀλλ' ἔνδον ὁ κρυπτὸς ἐνοικεῖ πατὴρ καὶ ὁ τούτου παῖς ὁ ὑπὲρ ἡμῶν ἀποθανὼν καὶ μεθ' ἡμῶν ἀναστάς.

34. Τοῦτο τὸ σχῆμα βλεπόμενον ἐξαπατᾷ τὸν θάνατον καὶ τὸν διάβολον· ὁ γὰρ ἐντὸς πλοῦτος καὶ τὸ κάλλος αὐτοῖς ἀθέατός ἐστι· καὶ μαίνονται περὶ τὸ σαρκίον, οὐ καταφρονοῦσιν ὡς ἀσθενοῦς, τῶν ἔνδον ὄντες τυφλοὶ κτημάτων, οὐκ ἐπιστάμενοι πηλίκον τινὰ θησαυρὸν ἐν ὀστρακίνῳ σκεύει βαστάζομεν, δυνάμει θεοῦ πατρὸς καὶ αἵματι θεοῦ παιδὸς καὶ δρόσῳ πνεύματος ἁγίου περιτετειχισμένον. ἀλλὰ σύ γε μὴ ἐξαπατηθῇς ὁ γεγευμένος ἀληθείας καὶ κατηξιωμένος τῆς μεγάλης λυτρώσεως· ἀλλὰ τὸ ἐναντίον τοῖς ἄλλοις ἀνθρώποις σεαυτῷ κατάλεξον στρατὸν ἄοπλον, ἀπόλεμον, ἀναίμακτον, ἀόργητον, ἀμίαντον, γέροντας θεοσεβεῖς, ὀρφανοὺς θεοφιλεῖς, χήρας πραότητι | ὡπλισμένας, ἄνδρας ἀγάπῃ κεκοσμημένους. τοιούτους κτῆσαι τῷ σῷ πλούτῳ καὶ τῷ σώματι καὶ τῇ ψυχῇ δορυφόρους, ὧν στρατηγεῖ ὁ θεός, δι' οὓς καὶ ναῦς βαπτιζομένη κουφίζεται μόναις ἁγίων εὐχαῖς κυβερνωμένη, καὶ νόσος ἀκμάζουσα δαμάζεται χειρῶν ἐπιβολαῖς διωκομένη, καὶ προσβολὴ λῃστῶν ἀφοπλίζεται εὐχαῖς εὐσεβέσι σκυλευομένη, καὶ δαιμόνων βία θραύεται προστάγμασι συντόνοις ἐλεγχομένη.

35. Ἐν ἔργοις οὗτοι πάντες οἱ στρατιῶται καὶ φύλακες βέβαιοι, οὐδεὶς ἀργός, οὐδεὶς ἀχρεῖος. ὁ μὲν ἐξαιτήσασθαί σε δύναται παρὰ θεοῦ, ὁ δὲ παραμυθήσασθαι κάμνοντα, ὁ δὲ δακρῦσαι καὶ στενάξαι συμπαθῶς ὑπὲρ σοῦ πρὸς τὸν κύριον τῶν ὅλων, ὁ δὲ διδάξαι τι τῶν πρὸς τὴν σωτηρίαν χρησίμων, ὁ δὲ νουθετῆσαι μετὰ παρρησίας, ὁ δὲ συμβουλεῦσαι μετ' εὐνοίας, πάντες δὲ φιλεῖν ἀληθῶς, ἀδόλως, ἀφόβως, ἀνυποκρίτως, ἀκολακεύτως, ἀπλάστως. ὢ γλυκεῖαι θεραπεῖαι φιλούντων, ὢ μακάριοι διακονίαι θαρρούντων, ὢ πίστις εἰλικρινὴς θεὸν μόνον δεδιότων, ὢ λόγων ἀλήθεια

---

7 οὐ   13—18 τὸ ἐναντίον—θεός] Parall. Vat. et Scor. 480   Rup. f. 169ᵃ Paris f. 179ᵃ   13 τὸ] τὸν S   14 ἑαυτῷ Rup. Paris   κατάληξον Paris   16 θεοφειλῆς Paris   χεῖρας Scor.   ὁπλισμένας Scor.   17, 18 καὶ τῇ ψυχῇ καὶ τῷ σώματι Rup.   τῷ σώματι] τὸ σώματι Paris   18 ὁ θεός] om. ὁ S

παρὰ τοῖς ψεύσασθαι μὴ δυναμένοις, ᾧ κάλλος ἔργων παρὰ τοῖς θεῷ διακονεῖν πεπεισμένοις, πείθειν θεόν, ἀρέσκειν θεῷ· οὐ σαρκὸς τῆς σῆς ἅπτεσθαι δοκοῦσιν, ἀλλὰ τῆς ἑαυτοῦ ψυχῆς ἕκαστος, οὐκ ἀδελφῷ λαλεῖν, ἀλλὰ τῷ βασιλεῖ τῶν αἰώνων ἐν σοὶ κατοικοῦντι. cf. 1 Tim i 17

36. Πάντες οὖν οἱ πιστοὶ καλοὶ καὶ θεοπρεπεῖς καὶ τῆς προσηγορίας ἄξιοι, ἣν ὥσπερ διάδημα περίκεινται. οὐ μὴν ἀλλ᾽ εἰσὶν ἤδη τινὲς καὶ τῶν ἐκλεκτῶν ἐκλεκτότεροι, καὶ τοσούτῳ μᾶλλον ἧττον ἐπίσημοι, τρόπον τινὰ ἐκ τοῦ κλύδωνος τοῦ κόσμου νεωλκοῦντες ἑαυτοὺς καὶ ἐπανάγοντες ἐπ᾽ ἀσφαλές, οὐ βουλόμενοι δοκεῖν ἅγιοι, κἂν εἴπῃ τις αἰσχυνόμενοι, ἐν βάθει γνώμης ἀποκρύπτοντες τὰ ἀνεκλάλητα μυστήρια, καὶ τὴν αὐτῶν εὐγένειαν ὑπερηφανοῦντες ἐν κόσμῳ βλέπεσθαι, οὓς ὁ λόγος φῶς τοῦ κόσμου καὶ | ἅλας Mt v 13 f τῆς γῆς καλεῖ. τοῦτ᾽ ἔστι τὸ σπέρμα, εἰκὼν καὶ ὁμοίωσις θεοῦ, καὶ τέκνον αὐτοῦ γνήσιον καὶ κληρονόμον, ὥσπερ ἐπί τινα ξενιτείαν ἐνταῦθα πεμπόμενον ὑπὸ μεγάλης οἰκονομίας καὶ ἀναλογίας τοῦ πατρός, δι᾽ οὗ καὶ τὰ φανερὰ καὶ τὰ ἀφανῆ τοῦ κόσμου δεδημιούργηται, τὰ μὲν εἰς δουλείαν, τὰ δὲ εἰς ἄσκησιν, τὰ δὲ εἰς μάθησιν αὐτῷ, καὶ πάντα μέχρις ἂν ἐνταῦθα τὸ σπέρμα μένῃ συνέχεται, καὶ συναχθέντος αὐτοῦ ταῦτα τάχιστα λυθήσεται. cf. 2 Pe iii 10

37. Τί γὰρ ἔτι δεῖ; θεῷ τὰ τῆς ἀγάπης μυστήρια, καὶ τότε ἐποπτεύσεις τὸν κόλπον τοῦ πατρός, ὃν ὁ μονογενὴς cf. Jn i 18 θεὸς μόνος ἐξηγήσατο. ἔστι δὲ καὶ αὐτὸς ὁ θεὸς ἀγάπη καὶ cf. 1 Jn iv 8, 16 δι᾽ ἀγάπην ἡμῖν ἐθεάθη. καὶ τὸ μὲν ἄρρητον αὐτοῦ πατήρ, τὸ δὲ εἰς ἡμᾶς συμπαθὲς γέγονε μήτηρ. ἀγαπήσας ὁ πατὴρ ἐθηλύνθη, καὶ τούτου μέγα σημεῖον, ὃν αὐτὸς ἐγέννησεν ἐξ αὐτοῦ, καὶ ὁ τεχθεὶς ἐξ ἀγάπης καρπὸς ἀγάπη. διὰ τοῦτο καὶ αὐτὸς κατῆλθε, διὰ τοῦτο ἄνθρωπον ἐνέδυ, διὰ τοῦτο τὰ ἀνθρώπων ἑκὼν ἔπαθεν, ἵνα πρὸς τὴν ἡμετέραν ἀσθένειαν οὓς ἠγάπησε μετρηθεὶς ἡμᾶς πρὸς τὴν ἑαυτοῦ δύναμιν ἀντιμετρήσῃ. καὶ μέλλων σπένδεσθαι καὶ λύτρον ἑαυτὸν ἐπι- cf. 2 Tim iv 6 διδοὺς καινὴν ἡμῖν διαθήκην καταλιμπάνει· Ἀγάπην ὑμῖν cf. Jn xiv 27

13 αὐτῶν   15 τουτέστι   23 θῶ   26 ἐθεάθη (Jülicher)] ἐθηράθη   29 αὐτοῦ

δίδωμι τὴν ἐμήν. τίς δέ ἐστιν αὕτη καὶ πόση; ὑπὲρ ἡμῶν ἑκάστου κατέθηκε τὴν ψυχὴν τὴν ἀνταξίαν τῶν ὅλων· ταύτην ἡμᾶς ὑπὲρ ἀλλήλων ἀνταπαιτεῖ. εἰ δὲ τὰς ψυχὰς ὀφείλομεν τοῖς ἀδελφοῖς καὶ τοιαύτην τὴν συνθήκην πρὸς τὸν σωτῆρα ἀνθωμολογήμεθα, ἔτι τὰ τοῦ κόσμου, τὰ πτωχὰ καὶ ἀλλότρια καὶ παραρρέοντα, καθείρξομεν ταμιευόμενοι; ἀλλήλων ἀποκλείσομεν, ἃ μετὰ μικρὸν ἕξει τὸ πῦρ; θείως γε καὶ ἐπιπνῶς ὁ Ἰωάννης, Ὁ μὴ φιλῶν, φησί, τὸν ἀδελφὸν ἀνθρωποκτόνος ἐστί, σπέρμα τοῦ Κάϊν, θρέμμα τοῦ διαβόλου, θεοῦ σπλάγχνον οὐκ ἔχει, ἐλπίδα κρειττόνων οὐκ ἔχει, ἄσπορός ἐστιν, ἄγονός ἐστιν, | οὐκ ἔστι κλῆμα τῆς ἀεὶ ζώσης ὑπερουρανίας ἀμπέλου, ἐκκόπτεται, τὸ πῦρ ἄθρουν ἀναμένει.

38. Σὺ δὲ μάθε τὴν <καθ'> ὑπερβολὴν ὁδόν, ἣν δείκνυσι Παῦλος ἐπὶ σωτηρίαν· Ἡ ἀγάπη τὰ ἑαυτῆς οὐ ζητεῖ, ἀλλ' ἐπὶ τὸν ἀδελφὸν ἐκκέχυται· περὶ τοῦτον ἐπτόηται, περὶ τοῦτον σωφρόνως μαίνεται. Ἀγάπη καλύπτει πλῆθος ἁμαρτιῶν· ἡ τελεία ἀγάπη ἐκβάλλει τὸν φόβον· οὐ περπερεύεται, οὐ φυσιοῦται, οὐκ ἐπιχαίρει τῇ ἀδικίᾳ, συγχαίρει δὲ τῇ ἀληθείᾳ· πάντα στέγει, πάντα πιστεύει, πάντα ἐλπίζει, πάντα ὑπομένει. ἡ ἀγάπη οὐδέποτε ἐκπίπτει. προφητεῖαι καταργοῦνται, γλῶσσαι παύονται, ἰάσεις ἐπὶ γῆς καταλείπονται. μένει δὲ τὰ τρία ταῦτα, πίστις, ἐλπίς, ἀγάπη· μείζων δὲ ἐν τούτοις ἡ ἀγάπη. καὶ δικαίως, πίστις μὲν γὰρ ἀπέρχεται, ὅταν αὐτοψίᾳ πεισθῶμεν ἰδόντες θεόν, καὶ ἐλπὶς ἀφανίζεται τῶν ἐλπισθέντων ἀποδοθέντων, ἀγάπη δὲ εἰς πλήρωμα συνέρχεται καὶ μᾶλλον αὔξεται τῶν τελείων παραδοθέντων.

39. (38.) Ἐὰν ταύτην ἐμβάληταί τις τῇ ψυχῇ, δύναται, κἂν ἐν ἁμαρτήμασιν ᾖ γεγεννημένος, κἂν πολλὰ τῶν κεκωλυμένων εἰργασμένος, αὐξήσας τὴν ἀγάπην καὶ μετάνοιαν καθαρὰν λαβὼν ἀναμαχέσασθαι τὰ ἐπταισμένα. μηδὲ γὰρ τοῦτο εἰς ἀπόγνωσίν σοι καὶ ἀπόνοιαν καταλελείφθω, εἰ καὶ τὸν πλούσιον μάθοις ὅστις ἐστὶν ὁ χώραν ἐν οὐρανοῖς οὐκ ἔχων, καὶ τίνα τρόπον τοῖς οὖσι χρώμενος (39.) ἄν τις τό τε ἐπίρρητον τοῦ πλούτου καὶ χαλεπὸν εἰς ζωὴν διαφύγοι καὶ

2 κατέθηκε (Segaar)] καθῆκε 8 ἐπιπνῶς (J. B. Mayor)] ἐπιπόνως
12 ἀθροῦν 13 <καθ'> addidit Combefisius 31 μηδὲ (Dindorf)] μήτε
35 ἐπίρρητον (Segaar)] ἐπιρρεῖ τὸν

δύναιτο τῶν αἰωνίων, τῶν ἀγαθῶν, ἐπαύρασθαι. εἰ ἦν δὲ τετυχηκὼς ἢ δι' ἄγνοιαν ἢ δι' ἀσθένειαν ἢ περίστασιν ἀκούσιον μετὰ τὴν σφραγῖδα καὶ τὴν λύτρωσιν περιπετὴς τισιν ἁμαρτήμασιν ἢ παραπτώμασιν, ὡς ὑπενηνέχθαι τέλεον, οὗτος κατεψήφισται παντάπασιν ὑπὸ τοῦ θεοῦ. παντὶ γὰρ τῷ μετ' ἀληθείας ἐξ ὅλης τῆς καρδίας ἐπιστρέψαντι πρὸς τὸν θεὸν ἀνεῴγασιν αἱ θύραι καὶ δέχεται τρισάσμενος πατὴρ υἱὸν ἀληθῶς μετανοοῦντα· ἡ δ' ἀληθινὴ μετάνοια τὸ μηκέτι τοῖς αὐτοῖς ἔνοχον εἶναι, ἀλλὰ | ἄρδην ἐκριζῶσαι τῆς ψυχῆς, ἐφ' οἷς ἑαυτοῦ κατέγνω θάνατον ἁμαρτήμασιν· τούτων γὰρ ἀναιρεθέντων αὖθις εἰς σὲ θεὸς εἰσοικισθήσεται· μεγάλην γάρ φησι καὶ ἀνυπέρβλητον εἶναι χαρὰν καὶ ἑορτὴν ἐν οὐρανοῖς τῷ πατρὶ καὶ τοῖς ἀγγέλοις ἑνὸς ἁμαρτωλοῦ ἐπιστρέψαντος καὶ μετανοήσαντος. διὸ καὶ κέκραγεν· Ἔλεον θέλω καὶ οὐ θυσίαν· Οὐ βούλομαι τὸν θάνατον τοῦ ἁμαρτωλοῦ, ἀλλὰ τὴν μετάνοιαν· Κἂν ὦσιν αἱ ἁμαρτίαι ὑμῶν ὡς φοινικοῦν ἔριον, ὡς χιόνα λευκανῶ, κἂν μελάντερον τοῦ σκότους, ὡς ἔριον λευκὸν ἐκνίψας ποιήσω. θεῷ γὰρ μόνῳ δυνατὸν ἄφεσιν ἁμαρτιῶν παρασχέσθαι καὶ μὴ λογίσασθαι παραπτώματα· ὅπου γε καὶ ἡμῖν παρακελεύεται τῆς ἡμέρας ἑκάστης ὁ κύριος ἀφιέναι τοῖς ἀδελφοῖς μετανοοῦσιν. εἰ δὲ ἡμεῖς πονηροὶ ὄντες ἴσμεν ἀγαθὰ δόματα διδόναι, πόσῳ μᾶλλον ὁ πατὴρ τῶν οἰκτιρμῶν, ὁ ἀγαθὸς πατὴρ πάσης παρακλήσεως, ὁ πολύσπλαγχνος καὶ πολυέλεος, <ὃς> πέφυκε μακροθυμεῖν, τοὺς ἐπιστρέψαντας περιμένει; ἐπιστρέψαι δέ ἐστιν ὄντως ἀπὸ τῶν ἁμαρτημάτων τὸ παύσασθαι καὶ μηκέτι βλέπειν εἰς τὰ ὀπίσω.

40. Τῶν μὲν οὖν προγεγενημένων θεὸς δίδωσιν ἄφεσιν, τῶν δὲ ἐπιόντων αὐτὸς ἕκαστος ἑαυτῷ καὶ τοῦτ' ἔστι

---

1 εἰ ἦν] εἴη   4 ὑπανηνέχθαι   4, 5 κατεψήφισται] pr. οὐ Ghisler ad marg. 8—10 ἡ δ'—ἁμαρτήμασιν] Parall. Vat. et Scor. 594 Paris f. 385ᵇ Matr. f. 118ᵃ Ant. Mel. 22   8 om. δ' Parall. Ant. Mel.   μηκέτι] μήτε Paris μὴ Matr. 9 αὐτοῖς] τοιούτοις Matr.   εἶναι] εὑρεθῆναι Parall. Ant. Mel.   ἀλλὰ] ἀλλ' Parall. Ant. Mel.   ἄρδειν Scor.   11 ἀναιρεθόντων   17 μελαντότερον : forsitan scribendum μελανώτερον   24 <ὃς> addidi   25 ἐπιστρέψαντες   25—27 ἐπιστρέψαι—ὀπίσω] Parall. Vat. et Scor. 594 Paris f. 385ᵇ 26 δέ ἐστιν ὄντως] ὄντως ἐστὶν Parall.   om. τῶν Vat.   ἁμαρτιῶν Parall. τὸ] τῷ S

μεταγνῶναι, τὸ καταγνῶναι τῶν παρῳχημένων καὶ αἰτήσασθαι τούτων ἀμνηστίαν παρὰ πατρός, ὃς μόνος τῶν ἁπάντων οἷός τέ ἐστιν ἄπρακτα ποιῆσαι τὰ πεπραγμένα ἐλέῳ τῷ παρ' αὑτοῦ καὶ δρόσῳ πνεύματος ἀπαλείψας τὰ προημαρτημένα. Ἐφ' οἷς γὰρ ἂν εὕρω ὑμᾶς, φησὶν, ἐπὶ τούτοις καὶ κρινῶ· καὶ παρ' ἕκαστα βοᾷ τὸ τέλος πάντων· ὥστε καὶ τῷ τὰ μέγιστα εὖ πεποιηκότι κατὰ τὸν βίον, ἐπὶ δὲ τοῦ τέλους ἐξοκείλαντι πρὸς κακίαν, ἀνόνητοι πάντες οἱ πρόσθεν πόνοι, ἐπὶ τῇ καταστροφῇ τοῦ δράματος ἐξάθλῳ γενομένῳ· τῷ δὲ χεῖρον καὶ ἐπισεσυρμένως βιώσαντι πρότερον ἔστιν ὕστερον μετανοήσαντι πολλοῦ χρόνου πολιτείαν πονηρὰν ἐκνικῆσαι τῷ μετὰ τὴν μετάνοιαν χρόνῳ· | ἀκριβείας δὲ δεῖ πολλῆς, ὥσπερ τοῖς μακρᾷ νόσῳ πεπονηκόσι σώμασι διαίτης χρεία καὶ προσοχῆς πλείονος. ὁ κλέπτης, ἄφεσιν βούλει λαβεῖν; μηκέτι κλέπτε· ὁ μοιχεύσας, μηκέτι πυρούσθω· ὁ πορνεύσας, λοιπὸν ἁγνευέτω· ὁ ἁρπάσας, ἀποδίδου καὶ προσαποδίδου· ὁ ψευδομάρτυς, ἀλήθειαν ἄσκησον· ὁ ἐπίορκος, μηκέτι ὄμνυε· καὶ τὰ ἄλλα πάθη σύντεμε, ὀργὴν, ἐπιθυμίαν, λύπην, φόβον, ἵνα εὑρεθῇς ἐπὶ τῆς ἐξόδου πρὸς τὸν ἀντίδικον ἐνταῦθα διαλελύσθαι φθάνων. ἔστιν μὲν οὖν

5—14 ἐφ' οἷς—πλείονος] Parall. Vat. et Scor. 594 Matr. f. 118ᵃ: cod. Baroccianus 26   5—10 ἐφ' οἷς—γενομένῳ] Parall. Vat. 343 (hiat Scor.) Rup. f. 213ᵃ Matr. f. 128ᵇ Paris f. 84ᵃ   5 om. γὰρ Parall. edd. omn: Bar.   ἂν] ἐὰν Vat. 594 Scor.   om. ὑμᾶς Scor.   om. φησὶν Parall. edd. omn: Bar.   6 καὶ κρινῶ] om. καὶ Vat. 594 Scor. Matr. (utr. loc.) Paris: Bar.   καὶ παρ'] om. καὶ Bar.   τέλος] ἔλεος Paris   ἁπάντων Parall. edd. omn: Bar. (Hunc locum Bunsen ita emendauit: παρ' ἑκάστου βίου τὸ τέλος ἀπαιτῶν.)   7 om. τῷ Vat. 343   μέγιστα] μάλιστα Rup. om. Matr. 118ᵃ: Bar.   κατὰ τὸν βίον Matr. 118ᵃ: om. κατὰ ceteri omn. et S ἐπὶ δὲ] λήξαντος δὲ Matr. 118ᵃ: Bar.   8 τοῦ τέλος Bar.   τῷ τέλει Matr. 128ᵇ ἐξοκίλαντι Scor. ἐξωκίλαιτι Matr. 118ᵃ Paris ἐξοκήλαντη Bar. ἐξωκίλαντος Matr. 128ᵇ ἀνόητοι S Rup. Bar.   ἀνώνητοι Matr. 118ᵃ   om. πάντες Matr. 118ᵃ: Bar. 9 προσθε Bar.   ἐπὶ τῇ] οἱ ἐπὶ Matr. 118ᵃ   τῆς καταστροφῆς S   9, 10 ἐξάθλων γενομένων Vat. 343 Matr. 128ᵇ   10 τῷ δὲ] τώ τε Scor. τότε Matr: Bar. χείρων Scor. χειρώνως Matr.   βιώσαντι] βίος ἀντὶ Matr.   πρώτερον Scor. προτέρων Matr.   11 om. ἔστιν Vat. Scor.   13 om. δὲ Vat.   δεῖ] δεῖται Parall. edd. omn: Bar.   ὥσπερ τοῖς μακρᾷ νόσῳ] ὑπὲρ τῆς μακρὰν οσω Bar. ὑπὲρ τῆς εἰς μακρὰν ὡς ὁ Matr.   πεπονικόσι Scor. πεποιηκόσι Bar. πεποιηκῶς ἡ Matr.   σώματι Matr.   14 διαίτεις Matr.   χρία Matr: Bar.   προσωχῆς Scor.   30. 20—31. 4 ἔστιν—κατορθοῦται] Parall. Vat. et Scor. 594 Matr. f. 118ᵃ: Baroccianus 26   20 ἔστι Vat. Scor.   om. οὖν Parall. edd. omn: Bar.

ἀδύνατον ἴσως ἀθρόως ἀποκόψαι πάθη σύντροφα, ἀλλὰ μετὰ θεοῦ δυνάμεως καὶ ἀνθρωπείας ἱκεσίας καὶ ἀδελφῶν βοηθείας καὶ εἰλικρινοῦς μετανοίας καὶ συνεχοῦς μελέτης κατορθοῦται.

41. Διὸ δεῖ πάντως σε τὸν σοβαρὸν καὶ δυνατὸν καὶ πλούσιον ἐπιστήσασθαι ἑαυτῷ τινὰ ἄνθρωπον θεοῦ καθάπερ ἀλείπτην καὶ κυβερνήτην. αἰδοῦ κἂν ἕνα, φοβοῦ κἂν ἕνα, μελέτησον ἀκούειν κἂν ἑνὸς παρρησιαζομένου καὶ στύφοντος ἅμα καὶ θεραπεύοντος. οὐδὲ γὰρ τοῖς ὀφθαλμοῖς συμφέρει τὸν ἀεὶ χρόνον ἀκολάστοις μένειν, ἀλλὰ καὶ δακρῦσαι καὶ δηχθῆναί ποτε ὑπὲρ τῆς ὑγείας τῆς πλείονος. οὕτω καὶ ψυχῇ διηνεκοῦς ἡδονῆς οὐδὲν ὀλεθριώτερον· ἀποτυφλοῦται γὰρ ἀπὸ τῆς τήξεως, ἐὰν ἀκίνητος τῷ παρρησιαζομένῳ διαμείνῃ λόγῳ. τοῦτον καὶ ὀργισθέντα φοβήθητι, καὶ στενάξαντα †λυπήθητι†, καὶ ὀργὴν παύοντα αἰδέσθητι, καὶ κόλασιν παραιτούμενον φθάσον. οὗτος ὑπὲρ σοῦ πολλὰς νύκτας ἀγρυπνησάτω, πρεσβεύων ὑπὲρ σοῦ πρὸς θεὸν καὶ λιτανείαις συνήθεσι μαγεύων τὸν πατέρα· οὐ γὰρ ἀντέχει τοῖς τέκνοις αὐτοῦ τὰ σπλάγχνα δεομένοις. δεήσεται δὲ καθαρῶς ὑπὸ σοῦ προτιμώμενος ὡς ἄγγελος τοῦ θεοῦ καὶ μηδὲν ὑπὸ σοῦ λυπούμενος, ἀλλ' ὑπὲρ σοῦ· τοῦτο ἔστι μετάνοια ἀνυπόκριτος. θεὸς οὐ μυκτηρίζεται, οὐδὲ προσέχει κενοῖς ῥήμασι· cf. Gal vi 7 μόνος γὰρ ἀνακρίνει μυελοὺς καὶ νεφροὺς καρδίας, καὶ τῶν ἐν πυρὶ κατακούει, καὶ τῶν ἐν κοιλίᾳ κήτους ἱκετευόντων ἐξακούει, καὶ πᾶσιν ἐγγύς ἐστι τοῖς πιστεύουσι καὶ πόρ|ρω τοῖς ἀθέοις ἂν μὴ μετανοήσωσιν.

42. Ἵνα δὲ ἐπιθαρρήσῃς, οὕτω μετανοήσας ἀληθῶς, ὅτι

---

1 δυνατὸν Parall. edd. omn: Bar.   [ἴσως] pr. γὰρ Matr: Bar.   ἀθρόως] εὐθέως Matr.   πάθη σύστροφα Matr. πάθης τροφ Bar.   2 ἀνθρωπίας Scor. Matr.   ἀνθρ. ἱκ.] ἀνθρω...καισιας Bar.   ἀδελφόν Matr.   3 συνεχὴς Scor: Bar.   4 κατορθοῦνται S   7 ἀλείπτειν ἥν   15, 16 κόλασιν παραιτούμενον (Segaar)] κολάσειν παραιτουμένῳ   31. 27—36. 3 ἵνα δὲ— βλεπομένης] Haec habent edd. plur. operum Dionysii Areopagitae; lectiones dedi quae in archetypo horum edd. exstitisse uid., apposito symbolo Ex: infra uariae lectiones istorum edd. notantur   27 ἔτι θαρρῇς S

De superscriptione cf. *Introd.* p. xxvii   27 om. δὲ C   ἐπιθαρρήσας P
ἐπιθαρρῇς L   μετανοήσῃς P

σοὶ μένει σωτηρίας ἐλπὶς ἀξιόχρεως, ἄκουσον μῦθον οὐ
μῦθον, ἀλλὰ ὄντα λόγον περὶ Ἰωάννου τοῦ ἀποστόλου παρα- 959
δεδομένον καὶ μνήμῃ πεφυλαγμένον. ἐπειδὴ γὰρ τοῦ τυ-
ράννου τελευτήσαντος ἀπὸ τῆς Πάτμου τῆς νήσου μετῆλθεν
ἐπὶ τὴν Ἔφεσον, ἀπῄει παρακαλούμενος καὶ ἐπὶ τὰ πλη- 5
σιόχωρα τῶν ἐθνῶν, ὅπου μὲν ἐπισκόπους καταστήσων, ὅπου
δὲ ὅλας ἐκκλησίας ἁρμόσων, ὅπου δὲ κλῆρον, ἕνα τέ τινα
κληρώσων τῶν ὑπὸ τοῦ πνεύματος σημαινομένων. ἐλθὼν
οὖν ἐπί τινα τῶν οὐ μακρὰν πόλεων, ἧς καὶ τοὔνομα
λέγουσιν ἔνιοι, καὶ τὰ ἄλλα ἀναπαύσας τοὺς ἀδελφούς, ἐπὶ 10
πᾶσι τῷ καθεστῶτι προσβλέψας ἐπισκόπῳ νεανίσκον
ἱκανὸν τῷ σώματι καὶ τὴν ὄψιν ἀστεῖον καὶ θερμὸν τὴν
ψυχὴν ἰδών, Τοῦτον, ἔφη, σοὶ παρακατατίθεμαι μετὰ πάσης
σπουδῆς ἐπὶ τῆς ἐκκλησίας καὶ τοῦ Χριστοῦ μάρτυρος· τοῦ
δὲ δεχομένου καὶ πάνθ᾽ ὑπισχνουμένου καὶ πάλιν τὰ αὐτὰ 15
διετείνατο καὶ διεμαρτύρατο. εἶτα ὁ μὲν ἀπῆρεν ἐπὶ τὴν
Ἔφεσον, ὁ δὲ πρεσβύτερος ἀναλαβὼν οἴκαδε τὸν παρα-
δοθέντα νεανίσκον ἔτρεφε, συνεῖχεν, ἔθαλπε, τὸ τελευταῖον
ἐφώτισε· καὶ μετὰ τοῦτο ὑφῆκε τῆς πλείονος ἐπιμελείας καὶ
παραφυλακῆς, ὡς τὸ τέλεον αὐτῷ φυλακτήριον ἐπιστήσας 20

1 μὲν εἰς σωτηρίαν S   32. 1—36. 3 ἄκουσον μῦθον—βλεπομένης Euseb. H. E.
iii 23   1 μῦθον pr. loc.] om. Ex[odd pl]   4 νόσου S   5 ἐπὶ pr. loc.] εἰς
Eus[odd pl]   7 κλήρῳ Eus[edd aliq]   τε] γε Eus[edd aliq]   9 οὖν]+καὶ S   12 τῇ
ὄψει Eus[edd pl]   13 παρατίθεμαι S Eus[odd pauc]   15 καὶ 2⁰ forsitan omittendum
16 διετείνατο] διετείλατο Vat. Gr. 623 διελέγετο Eus Ex[odd pl]   διεμαρτύρετο
Eus Ex[odd pl]   om. εἶτα S   om. ἀπῆρεν S   20 τέλειον Eus Ex[odd pl]

1 σὺ μένεις F   ἀξιόχρεος AHL   1, 2 μῦθον οὐ μῦθον] οὐ μῦθον A (οὐ supra
lin. add.) GHKOPQR μῦθον BC*D** (erasis post μῦθον 7 litt.) FIL μῦθον οὐ μῦθον
C**D* ut uid.   2 ἀλλ᾽ ABDP   3 om. καὶ μν. πεφυλ. L   4 τετελευτήσαντος C
τῆς Πάτμου] om. τῆς HKOPQR   5 ἀπίει OQ ἀπείη L   6 καταστήσον IQ
7 om. ὅλας I   κλήρων H   om. ἕνα τέ H   τε] γε C[ut uid] GPR om. BD   τινας G
8 om. τῶν ABCDILP   om. τοῦ O   σημαινόμενον BL*[ut uid] P   9 οὖν]+καὶ KP
10 τἄλλα ABCDILP   ἐπί] ἐν L   11 καθεκαστῶτι Q   προβλέψας I*O
ἐπίσκοπον AI*O   12 ἀστίον IL   13 παρακατίθεμαι C   πάσῃ C   15 om.
δὲ GKR   πάντα GHQR   καὶ πάλιν] om. καὶ BCDP   πάλιν] πάντα G
ὅμ. αὐτὰ K   16 διετείλατο HR ἐλέγετο G διελέγετο rell.   διεμαρτύρατο HO**QR
-εῖτο C -ετο rell.   ἀπῆρεν] ἐπῆρεν L ἀπήρως A   17 πρεσβύτης H   παραλαβὼν
BD   18 ετρεφεν Q   om. συνεῖχεν O   ἔθαλπεν ACQ   19 ἐφώτισεν AQ
ὑφῆκε BKPR ὑφέστηκε A*GHLO ὑφέστη καὶ A**CDIQ   τῆς πλείονος]
hic incipit in I manus saecl. xv.   20 om. τὸ KLQR   τέλειον ABCDLOPQ
ἐπικτήσας O

τὴν σφραγῖδα τοῦ κυρίου. τῷ δὲ ἀνέσεως πρὸ ὥρας λαβομένῳ προσφθείρονταί τινες ἥλικες ἀργοὶ καὶ ἀπερρωγότες, ἐθάδες κακῶν· καὶ πρῶτον μὲν δι' ἑστιάσεων πολυτελῶν αὐτὸν ἐπάγονται, εἶτά που καὶ νύκτωρ ἐπὶ λωποδυσίαν 5 ἐξιόντες συνεπάγονται, εἶτά τι καὶ μεῖζον συμπράττειν ἠξίουν. ὁ δὲ κατ' ὀλίγον προσειθίζετο καὶ διὰ μέγεθος φύσεως ἐκστὰς ὥσπερ ἄστομος καὶ εὔρωστος ἵππος ὀρθῆς ὁδοῦ καὶ τὸν χαλινὸν ἐνδακὼν μειζόνως κατὰ τῶν βαράθρων ἐφέρετο. ἀπογνοὺς δὲ τελέως τὴν ἐν θεῷ σωτηρίαν οὐδὲν 10 ἔτι μικρὸν διενοεῖτο, ἀλλὰ μέγα τι πράξας, ἐπειδήπερ ἅπαξ ἀπολώλει, ἴσα τοῖς ἄλλοις παθεῖν ἠξίου. αὐτοὺς δὴ τούτους ἀναλαβὼν καὶ ληστήριον συγκροτήσας ἕτοιμος λήσταρχος
f. 344ᵃ ἦν, βιαιότατος, μιαιφονώτατος, | χαλεπώτατος. χρόνος ἐν μέσῳ καί τινος ἐπιπεσούσης χρείας ἀνακαλοῦσι τὸν Ἰωάννην.
15 ὁ δὲ, ἐπεὶ τὰ ἄλλα ὧν χάριν ἧκεν κατεστήσατο, Ἄγε δὴ, ἔφη, ὦ ἐπίσκοπε, τὴν παρακαταθήκην ἀπόδος ἡμῖν, ἣν ἐγώ τε καὶ ὁ Χριστός σοι παρακατεθέμεθα ἐπὶ τῆς ἐκκλησίας ἧς προ-

2 om. καὶ ἀπερρωγότες S 3 ἠθάδες Ex πολυτελῶν] pr. πολλῶν S
4 ἐπάγονται αὐτὸν Ex αὐτὸν ὑπάγονται S 6 προσεθίζετο Exᶜᵈᵈ ᵖˡ 7 om.
ἐκστὰς S 10 πράξαι Eusᶜᵈᵈ ᵃˡⁱᑫ 11 ἀπόλωλεν S παθεῖν] πράττειν Eusᶜᵈᵈ ᵃˡⁱᑫ
14 ἐμπεσούσης Exᶜᵈᵈ ᵃˡⁱᑫ 15 ἐπειδὴ S κατεστήσα-] periit in S, maxima huius folii parte auulsa 16 παραταθήκην Eusᶜᵈᵈ ᵖˡ παραθή- S, fluctuat Ex
-κην ἀπ. ἧ. ἧν] periit in S τε] γε S 17 Χριστός] σωτήρ S
-ατεθέμεθα—ἧς] periit in S

1 κυρίου (et Κ**)] Χριστοῦ Κ* 2 προσφθείρονταί Q* προσφθίνονταί Iᵖᵖˡ
προσφθήρονταί Η ἐπιφθείρονταί C ἀπειρωγότες Ο ἀπερρογότες C ἀπερρηγότες Iᵖᵖˡ 3 ἐθάδες P ἠθάδες rell. κακῶν] pr. συνήθεις G ἐσθιάσεων Ο
πολυτελῶν] pr. πολλῶν Κ (e sil.) 4 ἐπάγονται αὐτῷ CD ἐπάγονται αὐτὸν rell.
λωπωδυσίαν Β λωποδυείαν Ο 5 συνεπάδονται Ο om. εἶτά τι—ἠξίουν G om.
τι C μείζονα L σμπράττειν Q 6 προσεθίζετο ADGIᵖᵖˡLQ προσεθίζετο C
προσειθίζετο HPRˢⁱ προσηθίζετο BKRᴾⁱᵃᵈ προσεθίζετε Ο 6—9 καὶ διὰ—ἐφέρετο
in marg. habet Α 7 ἐκστὰς] om. DH ἐκστάσεως Ο εὔρωτος B εὔροστος H
9 τελείως DO ἐν] ἐπὶ G 10 ἔτι] ἐπὶ G 11 ἀπωλώλει DIᵖᵖˡΟ αὐτὸς
KQRᴰⁱⁿᵈ δὲ QR (e sil.) 12 λαβὼν BCDL ληστήριον] στήριον Κ
13 βιαιώτατος Η μιαιφονότατος L om. μιαιφονώτατος GHIᵖᵖˡKOQR
χαλεπώτατος] pr. καὶ GIᵖᵖˡKQR χαλεπότατος L χαλαιπότατος Ο 13, 14 ἐμμέσῳ
AH 14 ἐμπεσούσης ACIᵖᵖˡLOPQ om. BD ἀνακαλοῦσιν CLQ ἀνακαλοῦσι]+
οἱ τῆς τοιαύτης πόλεος οἰκέται C (οἰκέται supr. lin. a sec. ut uid. manu scriptum)
15 ἐπεὶ] ἐπὶ AIᵖᵖˡOQ τἆλλα ABCDP ἧκε BDOP καταστήσατο C
om. ἔφη H 16 παρακαταθήκην GKLP παραθήκην rell. ἐγώγε Ο
17 παρεκατεθέμεθα CHIᵖᵖˡLQ παρεθέμεθα Β

B. 3

34   CLEMENT OF ALEXANDRIA.

καθέζῃ μάρτυρος. ὁ δὲ τὸ μὲν πρῶτον ἐξεπλάγη, χρήματα οἰόμενος ἅπερ οὐκ ἔλαβε συκοφαντεῖσθαι, καὶ οὔτε πιστεύειν εἶχεν ὑπὲρ ὧν οὐκ εἶχεν οὔτε ἀπιστεῖν Ἰωάννῃ· ὡς δὲ Τὸν 960 νεανίσκον, εἶπεν, ἀπαιτῶ καὶ τὴν ψυχὴν τοῦ ἀδελφοῦ, στενάξας κάτωθεν ὁ πρεσβύτης καὶ ἔτι καὶ ἐπιδακρύσας, 5 Ἐκεῖνος, ἔφη, τέθνηκε. Πῶς καὶ πότε καὶ τίνα θάνατον; Θεῷ τέθνηκεν, εἶπεν· ἀπέβη γὰρ πονηρὸς καὶ ἐξώλης καὶ τὸ κεφάλαιον λῃστής, καὶ νῦν ἀντὶ τῆς ἐκκλησίας τὸ ὄρος προκατείληφε μεθ' ὁμοίου στρατιωτικοῦ. καταρρηξάμενος δὲ ὁ ἀπόστολος τὴν ἐσθῆτα καὶ μετὰ μεγάλης οἰμωγῆς πλη- 10 ξάμενος τὴν κεφαλήν, Καλόν γε, ἔφη, σε φύλακα τῆς· τἀδελφοῦ ψυχῆς κατέλιπον· ἀλλ' ἵππος ἤδη μοι παρέστω καὶ ἡγεμὼν γενέσθω μοί τις τῆς ὁδοῦ. ἤλαυνεν ὥσπερ εἶχεν αὐτόθεν ἀπὸ τῆς ἐκκλησίας· ἐλθὼν δὲ εἰς τὸ χωρίον ὑπὸ τῆς προφυλακῆς τῶν λῃστῶν ἁλίσκεται μήτε φεύγων μήτε παραι- 15 τούμενος, ἀλλὰ βοῶν· Ἐπὶ τοῦτο ἐλήλυθα, ἐπὶ τὸν ἄρχοντα ὑμῶν ἀπαγάγετέ με. ὃς τέως ὥσπερ ὥπλιστο ἀνέμενεν· ὡς δὲ προσιόντα ἐγνώρισε τὸν Ἰωάννην, εἰς φυγὴν αἰδεσθεὶς

1 -υρος—χρήματα] periit in S.   2—35, 10 -ρ οὐκ ἔλαβε—περιέλαβεν ἀπο-] periit in S   3 εἶχεν 2° loc.] ἔσχεν Eus^cdd pauc   4 om. τοῦ Ex^cdd pl   5 καὶ ἔτι καὶ] fluctuant Eus et Ex: vide infra.   6 καὶ πότε Eus cdd HO Ex: om. Eus^rell   8, 9 κατείληφε Eus   9 δὲ] οὖν Eus^cdd pauc: om. Eus^cdd aliq   10 τὴν ἐσθ. ὁ ἀπ. hoc ordine Eus^cdd pauc   11 γε ἔφη φύλ. σε Eus cdd BF^a σε ἔφη φύλ. Eus cdd GHO γε ἔφη φυλ. Eus^rell   13 γινέσθω Eus^cdd pl   17 ἀγάγετε Eus^cdd pl τέως] γε Ex

1 ὁ] ὡς Η   ὁ δὲ]+ἀκούσας supra lin. P   πρῶτα C   2 ἔλαβεν ACGQR   4 ἀπαιτῶ] ἀπέστω O   τοῦ ἀδελφοῦ] τἀδελφοῦ BHKPR ἀδελφοῦ rell.   5 καὶ ἔτι καὶ GI^ppl Q (Eus O) καὶ ἔτι KR (Eus AE^aE^b) ἔτι καὶ ABCDLP καὶ HO (Eus F^b) (καί τι καὶ Eus^rell)   6 τέθνηκεν ALPQ   πῶς] pr. ὁ δὲ P   7 ἐξόλης I^pplLQ 7, 8 om. καὶ τὸ κεφ. λῃστὴς O   8 λῃστὴς]+καθέστηκεν H   8, 9 προκατείληφεν AQ προκατείλιφε H κατείληφε BK   9 μετ' O   καταρρηξ.] pr. ὁ δὲ BD: pr. καὶ P 9—11 om. δὲ—πληξάμενος ABCDL: -ενος τὴν ἐσθ.—μεγάλης super rasuram, et οἰμωγῆς—κεφαλὴν ad marg. scriptum habet P: unde mihi persuasum est archetypum huius codicis eadem quae ABCDL uerba omisisse, quae scriptor ex Eusebio id uidetur postea addidit: confirmat hanc sententiam quod P δὲ omittit, et τὴν ἐσθῆτα ante ὁ ἀπόστολος ponit cum cdd AE^a Eusebii   11 om. σε LP 12 κατέλειπον AHI^ppl OQ   ἤδη] δὴ BCD   13 ὥσπερ] ὅπερ A ὡς P 14, 15 φυλακῆς Q   16 τοῦτ' C τούτῳ BDH τὸ A   17 ἀγάγετέ A ἀπάγετέ L ὃς] ὡς AL   τέως] γε Ex^cdd omn   ὡλιστω Q* ὡλίσθω I^ppl   ἀνέμεινεν COQ ἀνέμενον L   18 προιόντα ABCDL   ἐγνώρισεν ALQ

ἐτρέπετο. ὁ δὲ ἐδίωκεν ἀνὰ κράτος ἐπιλαθόμενος τῆς ἑαυτοῦ
ἡλικίας, κεκραγώς· Τί με φεύγεις, τέκνον, τὸν σεαυτοῦ πατέρα,
τὸν γυμνὸν, τὸν γέροντα; ἐλέησόν με, τέκνον, μὴ φοβοῦ·
ἔχεις ἔτι ζωῆς ἐλπίδα· ἐγὼ Χριστῷ δώσω λόγον ὑπὲρ σοῦ·
5 ἂν δέῃ, τὸν σὸν θάνατον ἑκὼν ὑπομενῶ ὡς ὁ κύριος τὸν ὑπὲρ
ἡμῶν· ὑπὲρ σοῦ τὴν ψυχὴν ἀντιδώσω τὴν ἐμήν· στῆθι,
πίστευσον, Χριστός με ἀπέστειλεν. ὁ δὲ ἀκούσας πρῶτον
μὲν ἔστη κάτω βλέπων, εἶτα ἔρριψε τὰ ὅπλα· εἶτα τρέμων
ἔκλαιε πικρῶς. προσελθόντα δὲ τὸν γέροντα περιέλαβεν
f. 344ᵇ ἀπο|λογούμενος ταῖς οἰμωγαῖς ὡς ἐδύνατο καὶ τοῖς δάκρυσι
βαπτιζόμενος ἐκ δευτέρου, μόνην ἀποκρύπτων τὴν δεξιάν. ὁ
δὲ ἐγγυώμενος, ἐπομνύμενος, ὡς ἄφεσιν αὐτῷ παρὰ τοῦ
σωτῆρος εὕρηται, δεόμενος, γονυπετῶν, αὐτὴν τὴν δεξιὰν ὡς
ὑπὸ τῆς μετανοίας κεκαθαρμένην καταφιλῶν, ἐπὶ τὴν ἐκκλη-
15 σίαν ἐπανήγαγε καὶ δαψιλέσι μὲν εὐχαῖς ἐξαιτούμενος,
συνεχέσι δὲ νηστείαις συναγωνιζόμενος, ποικίλαις δὲ ῥήσεσι
λόγων κατεπᾴδων αὐτοῦ τὴν γνώμην, οὐ πρότερον ἀπῆλθεν,

1 ἐτράπετο Eus^{odd pl}   1, 2 τῆς ἡλ. τῆς ἑαυτοῦ Eus sed odd al om.
τῆς 2° loco   4 ἐλπίδας Eus cdd AE^{ab}GHO   λόγον δώσω Eus^{odd pl}   8 ἔστη
μὲν Eus^{odd pl}   10 οἰμωγαῖς S   11 βαπτίζων Vat. Gr. 623; in S legebatur ut uid.
βαπτιζό|μενος ἐκ sed litterae ζό vix legi possunt, et μενος ἐκ membrano scisso
perierunt: non βαπτίζων scriptum esse clarum est, quod ι accentu caret
δευτέρου] τοῦ ἑτέρου Eus^{cdd aliq}   μόνον Ex   12 om. ἐγγυώμενος S (membrano
hic integro) ἐπομνύων Vat. Gr. 623; in S periit -μενος ὡς ἄφεσιν   13 ηὕρηται
Ex   -νυπετῶν ὡς αὐ̣ cissum in S, in quo codice ab hoc loco usque ad 36, 8
φαιδροῖς γεγηθότες pauca tantum uerba ad finem uersuum seruantur: ὑπὸ
τῆς μετανοίας κεκα|......ἐπανήγαγε καὶ δα|......αγωνιζόμενος | ......οὐ | perierunt
uersus 21   16 ῥήσεσι] σειρῆσι Eus^{cdd pauc}

1 ἐτράπετο HKR   ἐδίωκε κατὰ κράτος GI^{ppl}KQR   ἐπιλαβόμενος O
2 om. τέκνον I^{ppl}KQR   3 γέροντα] γεγονότα I^{ppl}   4 ζωῆς
ἔτι G   ἐλπίδας P**   5 ἂν δέῃ] ἂν δὲ ACDLO αὐτὸς B
om. ἑκὼν BD   ὑπομενῶ AHO   6 om. τὴν ἐμήν BD   7 om.
ὁ δὲ G   8 ἔρριψεν AI^{ppl}LQ   9 ἔκλαιεν ACLQ Ἔκλαε H**R^{Dind}   προσελ-
θὼν P   γέρον B   περιέλαβε R   10 ἀπολογ.] pr. καὶ GHKQR   οἰμογαῖς L
ἠδύνατο ABDLOP   δάκρυσιν ALQ   11 καταβαπτιζόμενος P   μόνην] ὁ
μὲν H μόνον rell.   ἀπέκρυπτε G   12 ἐγγυόμενος L   ἐπώμνυμενον O ἐπώμνυτο
GI^{ppl}KQR om. plane P   ἄφεσις BP   13 σωτῆρος] πατρὸς I^{ppl}OQR
εὕρηται CP εὕροιτο G ηὕρηται rell.   14 ἐκκεκαθαρμένην P (sed ἐκκε- super
rasuram) (ita et Eus cod Fᵃ)   15 ἐπανήγαγεν ALQ   δαψιλέσι μὲν] δαψιλέσιν
I^{ppl}KQR   16 συναγωνιζόμενος BI^{ppl}L

ώς φασι, πρὶν αὐτὸν ἀποκατέστησε τῇ ἐκκλησίᾳ, διδοὺς μέγα παράδειγμα μετανοίας ἀληθινῆς καὶ μέγα γνώρισμα παλιγγενεσίας, τρόπαιον ἀναστάσεως βλεπομένης. ....

.... μάλιστα παντων Χριστιανοῖς οὐκ ἐφίεται τὸ πρὸς βίαν ἐπανορθοῦν τὰ τῶν ἁμαρτανόντων πταίσματα· οὐ γὰρ τοὺς ἀνάγκῃ τῆς κακίας ἀπεχομένους ἀλλὰ τοὺς προαιρέσει στεφανοῖ ὁ θεός.

.... 43. (42.) .... | φαιδροῖς γεγηθότες, f. 345ʳ ὑμνοῦντες, ἀνοιγνύοντες τοὺς οὐρανούς. πρὸ δὲ πάντων αὐτὸς ὁ σωτὴρ προαπαντᾷ δεξιούμενος, φῶς ὀρέγων ἄσκιον, 961 ἄπαυστον, ὁδηγῶν εἰς τοὺς κόλπους τοῦ πατρὸς, εἰς τὴν αἰώνιον ζωὴν, εἰς τὴν βασιλείαν τῶν οὐρανῶν. πιστευέτω ταῦτά τις καὶ θεοῦ μαθηταῖς καὶ ἐγγυητῇ θεῷ, προφητείαις, εὐαγγελίοις, λόγοις ἀποστολικοῖς· τούτοις συζῶν καὶ τὰ ὦτα ὑπέχων καὶ τὰ ἔργα ἀσκῶν ἐπ' αὐτῆς τῆς ἐξόδου τὸ τέλος 15

cf. Herm Past Sim ix 33 et alibi.

καὶ τὴν ἐπίδειξιν τῶν δογμάτων ὄψεται. ὁ γὰρ ἐνταῦθα τὸν ἄγγελον τῆς μετανοίας προσιέμενος οὐ μετανοήσει τότε ἡνίκα ἂν καταλίπῃ τὸ σῶμα, οὐδὲ καταισχυνθήσεται τὸν σωτῆρα προσιόντα μετὰ τῆς αὐτοῦ δόξης καὶ στρατιᾶς ἰδών· οὐ δέδιε τὸ πῦρ· εἰ δέ τις αἱρεῖται μένειν ἐπεξαμαρτάνων 20 ἑκάστοτε ἐπὶ ταῖς ἡδοναῖς καὶ τὴν ἐνταῦθα τρυφὴν τῆς αἰωνίου ζωῆς προτιμᾷ καὶ διδόντος τοῦ σωτῆρος ἄφεσιν ἀποστρέφεται, μήτε τὸν θεὸν ἔτι μήτε τὸν πλοῦτον μήτε τὸ

1 ἀποκατ.] ἐπιστῆσαι Eus[edd pauc] 3 βλεπομένης] hic finiuntur Eus et Ex 4—7 μάλιστα— ὁ θεός] De hoc fragmento cf. Introd. p. xxix. Leontius Vat. Gr. 1553 f. 119 Parall. Rup. f. 118ᵃ Vat. 393 Scor. f. 52ᵇ Paris 923 f. 89ᵃ Maximus 661 4 χριστιανοὺς Leont. ἀφίεται Rup. 5 ἁμαρτανόντων] ἁμαρτημάτων Rup. Vat. Scor. Max. ἁμαρτιμάτων Paris πταισμάτων Leont. 6 τοὺς προαιρ.] τοῖς προαιρ. Paris 8 φαιδροῖς] hic rursus incipit S 9 ἀνοιγνοῦντες S ἀνοιγνύντες Potter 19 στρατείας Ghisler et edd. male 20 οὐ δέδιε] οὐδὲ δέδιε J. B. Mayor μένειν καὶ ἐξαμαρτάνειν Ghisler et edd.

1 ὥς φασι] ὡς δὲ φησίν H ἀποκατέστησε(ν) BDG ἀπεκατέστησε(ν) ACLO ἀποκαταστῆσαι HI[app]KPQR 2 παράδιγμα Q 2, 3 παλινγενεσίας ADO 3 τρόπεον C pr. καὶ P (sed super rasuram). De subscriptione cf. Introd. p. xxv.

προπεσεῖν αἰτιάσθω, τὴν δὲ ἑαυτοῦ ψυχὴν ἑκουσίως ἀπολουμένην. τῷ δὲ ἐπιβλέποντι τὴν σωτηρίαν καὶ ποθοῦντι καὶ μετὰ ἀναιδείας καὶ βίας αἰτοῦντι παρέξει τὴν ἀληθινὴν κάθαρσιν καὶ τὴν ἄτρεπτον ζωὴν ὁ πατὴρ ὁ ἀγαθὸς ὁ ἐν
5 τοῖς οὐρανοῖς. ᾧ διὰ τοῦ παιδὸς Ἰησοῦ Χριστοῦ, τοῦ κυρίου ζώντων καὶ νεκρῶν, καὶ διὰ τοῦ ἁγίου πνεύματος εἴη δόξα, cf. Clem Rom 1 Cor τιμή, κράτος, αἰώνιος μεγαλειότης καὶ νῦν καὶ εἰς γενεὰς lxv γενεῶν καὶ εἰς τοὺς αἰῶνας τῶν αἰώνων. ἀμήν. cf. ibid. lxi

NOTES ON THE QUIS DIVES SALVETUR.

p. 1, ll. 7—9. It is useless to record here the different suggestions that have been made for filling up the lacunae in this place and in other places in the first three sections. For ἐν ἀσώτῳ καὶ ἐφημέρῳ βίῳ (suggested in the *App. Crit.*) cp. *Paed.* II i 7 (168) *sub fin.* The scribe of S appears to have copied from a MS. in which certain letters and words were illegible; but it is by no means certain that he correctly represented the length of the lacunae. The incorrectness with which the lacunae of S are represented in V shows how little confidence can be felt in the accuracy of scribes in this matter. p. 1, l. 7 S leaves space for 11 letters, V for 16 l. 8 S 12, V 11 l. 9 S 7, V 17 p. 2, ll. 7, 8 S 12, V 19 l. 8 S 12, V 15 l. 9 S 10, V 19 ll. 9, 10 S 15, V 19 p. 3, ll. 10, 11 S 15, V 30 p. 4, l. 7 S 12, V 12. It is quite possible that the first two lacunae are exaggerated in S, and that this passage may originally have stood somewhat as follows:—περιάπτουσι το<ῦτο> τὸ γέρας ἀνθρώποις ἐν ἀσ<ώτῳ> βίῳ κυλινδουμένοις, <ὃν ἄγουσι> τὸ κεφάλαιον.

l. 8 κυλινδουμένοις] cp. *Protr.* x 92 (75) οἱ δὲ σκωλήκων δίκην περὶ τέλματα καὶ βορβόρους τὰ ἡδονῆς ῥεύματα καλινδούμενοι ἀνονήτους καὶ ἀνοήτους ἐκβόσκονται τρυφὰς, ὑώδεις τινὲς ἄνθρωποι.

p. 2, l. 3 οὗ is a partitive genitive depending on ἀφαιρεῖν καὶ περικόπτειν.

l. 5 ἀγχίστροφος, preserved in Antonii Melissa, is much more forcible than the ἀντίστροφος of S. Clement was perhaps thinking of Thucyd. ii 53 ἀγχίστροφον τὴν μεταβολὴν ὁρῶντες τῶν τ' εὐδαιμόνων καὶ αἰφνιδίως θνησκόντων καὶ τῶν κτέ.

ll. 7—10. These lines make good sense without any supplement at all. It is possible that the scribe of S was misled by spaces left blank in his archetype on account of flaws in the parchment.

ll. 10, 12 τοῦτο μὲν...τοῦτο δὲ] cp. *Strom.* IV xvi 101 (608). λέγω is not wanted; it may have slipped in owing to the frequency of the phrase τοῦτο δὲ λέγω, which has a meaning that is not in place here.

ll. 16—20 ἡ εὐχὴ refers to the clause introduced above by τοῦτο μὲν, ἡ πολιτεία to that introduced by τοῦτο δὲ. The insertion of the article before πολιτεία appears to me to be the simplest way of restoring the parallelism of the sentence, the construction of which was still further obscured by Ghisler's alteration of the genitive συμμεμετρημένης into the nominative. "But prayer requires a soul that remains strong and earnest till the last day of life, and a man's life requires a good and steadfast disposition stretching forward to all the commandments of the Saviour." ἐπεκτεινομένης was probably suggested by Phil. iii 14.

ll. 26 f. Cp. *Paed.* II i 7 (168) τὸν ἐφήμερον διώκοντες βίον, ὡς οὐ ζησόμενοι.

p. 3, ll. 2 f. μήτε ὅπως κτέ] As the text stands these words seem to mean:—"No longer troubling themselves...how the impossible or the possible arises in the case of man." The easiest alteration is to read ἀνθρώποις for ἀνθρώπῳ ἢ (οιc becoming ωH). Clement nowhere else uses the singular ἀνθρώπῳ in referring to this verse, nor is there, so far as I know, any evidence at all for it. Cp. p. 16, ll. 10 f.

l. 9 ἀμυήτων is the reading of V as well as of S. Ghisler printed ἀνοήτων, but Segaar restored by conjecture the true reading.

ll. 14 f. ἐξηγήσεως τῶν λογίων τ. κ.] This phrase recalls the title of the well known work of Papias (τῶν) κυριακῶν λογίων ἐξήγησις (or ἐξηγήσεις).

l. 17 εἴθ' ὁπόταν μάθωσιν] V has these words quite clearly, but Ghisler's copyist seems to have been thrown out by the first *o* of ὁπόταν not being closed at the top and by the use of an ordinary ligature for ταν. The result was that Ghisler provided εἴτ' ὑπὸ ταυμάτωσιν as a puzzle for scholars. Segaar conjecturally restored the right reading, but subsequent editors were unable to see the excellence of his conjecture, which is not mentioned by Dindorf (except iii 516 among the extracts from Segaar's notes) or by Köster.

p. 4, l. 5 γυμνάσια δὲ αἱ ἐντολαί] cp. *Strom.* VII xiii 83 (882) γυμνάζων ἑαυτὸν διὰ τῶν ἐντολῶν.

l. 7. Again it is by no means necessary to assume that a word has been lost.

ll. 8 f. The dative σάλπιγγι (Edd.), which spoils the construction, was a correction of the scribe of V, in which MS. the last two letters are over an erasure.

l. 23. It seems best to alter αὐτῷ to agree with ἐκπορευομένου and so restore the reading of Mc. Ghisler printed both words in the dative. Throughout the whole of this quotation Ghisler and subsequent editors have added and omitted words in order to bring the quotation nearer to the traditional text of Mc.

l. 33. The scribe of V added πλούσιος after ἦν γάρ, but placed dots underneath it to cancel it.

p. 5, ll. 17—19. I have printed this corrupt passage exactly as it stands in S. An opportunity for discussing it will arise when we come to consider the Gospel text of Clement. Quite provisionally I suggest that εἴς που may mean "up to a certain point": on similar phrases see Lobeck's Phrynichus, pp. 45 ff. ζωήν is perhaps due to the scribe's familiarity with the ordinary text of Mc., which led him to put the acc. for the nom.; but it is strange that the same mistake recurs on p. 20, l. 3. The words ἐν δὲ before ἔσονται have probably been introduced from the previous line: they are omitted on p. 20, l. 4, where the quotation is repeated.

NOTES ON THE QUIS DIVES SALVETUR. 41

l. 22 ἐναλλάσσει] [Intransitive as in Euseb. *H. E.* vi 16, 1. "There is a slight change perhaps here and there in the words, but all of them give the same general sense." J. A. R.]

p. 6, l. 1. διαφερόντων, ἐσκεπασμένων] Probably genitive absolutes, as Segaar thinks, referring somewhat loosely to τὰ δόξαντα. [I am inclined to insert τῶν after διαφερόντων and omit the δὲ, translating "since the things hidden with marvellous depth of wisdom are of importance for the very end of salvation." J. B. M.]

ll. 1—3 ἐσκεπασμένων...ἀκοαῖς] [There is a curious parallel in Greg. Thaum. *Paneg. in Orig.* p. 5, ll. 17 ff. ed. Koetschau (Lomm. Orig. vol. xxv 344, 8), perhaps merely verbal and accidental. That passage Koetschau compares with Orig. *Comm. in Jn.* xxxii 6 (Lomm. ii 402, 17). J. A. R.]

p. 7, l. 7. For τὸ σημεῖον, meaning 'the cross,' cp. *Strom.* v vi 35 (667); vi xi 84 (782); *ibid.* 87 (783); vii xii 79 (880); *Exc. ex Theod.* § 42 (979); *ibid.* § 43 (979).

l. 9. The correction αἰτεῖ, instead of Ghisler's ᾔτει, is supported by αἰτεῖ in l. 19 below.

ll. 12—14 ὧν—χρημάτων;] These words were altogether omitted in Ghisler's edition. Other cases in which he omitted a line or so of his MS. are p. 9, ll. 7 f. τὴν πρὸς—ἐπιθυμίαν, p. 18, ll. 13 f. ἐγώ σοι παρέξω—ὑπερκόσμιον, p. 23, ll. 23 f. αὐτοῖς—παρεσχηκότας, p. 24, l. 7 καὶ—οὖσαν, p. 27, ll. 3 f. δοκοῦσιν—λαλεῖν.

ll. 14 f. εἴ τις...παρέσχηται] The MS. reading παράσχηται might perhaps be paralleled by *Strom.* iii xii 79 (546) εἰ δὲ ὑπερβὰς ὃν εἵλετο κανόνα εἰς μείζονα δόξαν, ἔπειτα ἀποπέσῃ πρὸς τὴν ἐλπίδα... vi vii 57 (769) Εἰ γοῦν τις τοῖς μερικοῖς ὡς τοῖς καθολικοῖς χρώμενος τύχῃ καὶ τὸ δοῦλον ὡς κύριον καὶ ἡγεμονεῖται, σφάλλεται τῆς ἀληθείας. But both these passages seem to be corrupt. I have to thank Prof. J. B. Mayor for drawing my attention to them.

ll. 24 f. Cp. *Strom.* iv vi 2? (576) αὐτίκα τὸν καυχώμενον τελείως τὰ ἐκ τοῦ νόμου προστάγματα πεπληρωκέναι διήλεγχε, μὴ τὸν πλησίον ἀγαπήσαντα.

l. 31. Perhaps we should read καὶ τὴν ἄκραν χάριν. There may be a reference to Jn i 16 χάριν ἀντὶ χάριτος, "New Testament grace in exchange for Old Testament grace."

l. 32 πλήρωμα δὲ νόμου Χριστὸς] Rom. x 4 τέλος γὰρ, and so also *Strom.* ii ix 42 (451). In Rom. xiii 10 we have πλήρωμα οὖν νόμου ἡ ἀγάπη.

p. 8, l. 13. The reading of the MS. τὸ ἐμὸν is certainly right. Cp. below, l. 17 τὸ τοῦ σωτῆρος ἐξαίρετον.

l. 16. προσθεῖναι] V has προθῆναι: for this Ghisler printed πραθῆναι, which has given so much trouble. Stählin (*Observationes Criticae*, p. 43) suggested προσθεῖναι, which proves to be the reading of S.

τοῖς ὅλοις] [Perhaps translate "to his perfection of life"=πάντα τὰ τοῦ νόμου. J. B. M.]

p. 9, l. 5 ἀπορρίψαι] The ι of ῥίπτω appears to have been shortened in later Greek. See Hort, *Introduction to New Test.* p. 314. Westcott and Hort accent ρίψαν (Lc iv 35). I have therefore left the MS. accent here and elsewhere.

l. 17. Westcott and Hort print αἰωνίαν in II Thess. ii 16, Hebr. ix 12.

l. 18 πατρίσιν is a certainly right correction: cp. Orig. *Comm. in Matth.* xv 15 (Lomm. iii 358) Κράτητα...φασὶν ἀποδόμενον πᾶσαν τὴν οὐσίαν τῷ Θηβαίων δήμῳ δεδωρῆσθαι.

l. 23 ff. The MS. reading εἰ δὲ (for Ghisler's τί δὲ) with the necessary alteration of the punctuation restores sense to this passage. "But if the new creation, the Son of God, reveals and teaches something special, he does not command that which appears at first sight, which others have done, but something else which is signified by this."

l. 24 ἡ καινὴ κτίσις] Segaar compares *Protr.* xi 114 (88) τοῦτο ἡ κτίσις ἡ καινὴ βεβούληται.

l. 25 τὸ φαινόμενον] "The obvious and literal meaning." Cp. § 26 (27), p. 21, l. 4.

l. 28 τῶν ὑπόντων] Ghisler printed from V τῶν ὑπὸ τῶν. Segaar conjectured what proves to be the reading of the MS.

πρόρριζα] The MS. has πρόριζα here and again in § 29. In *Protr.* ii 19 (16) MSS. have ὁλόριζον and Esther xiii 6 (Swete B 6) אA have ολοριζει. See Hort, *Appendix to New Test.* p. 163.

p. 10, l. 19 ἄν...καταλείποιτο] With the MS. reading ἄν...καταλείπεται cp. *Paed.* II i 18 (176) οὐδεὶς ποτ' ἄν...δύναται (where the Edd. restore δύναιτο from Plato); *Strom.* VI xvii 159 (823) οὐκ ἔστιν ἄν κακῶν (where Dr Jackson emends οὐκ ἔστι παγκακῶν): VII ii 7 (832 *sub fin.*) οὐδὲ...καταλείπει ποτ' ἄν and two lines lower πῶς δ' ἄν ἐστι...(in both which places Dindorf restores the optative).

l. 30 καὶ Λευεί] This emendation was made independently by Prof. Robinson, and also by Dr P. Koetschau in a review of Stählin's *Beiträge* (Theologische Literaturzeitung, 1896, Nr. 4). Compare the passage of Heracleon quoted by Clement, *Strom.* IV ix 71 (595)...ἐξ ὧν Ματθαῖος, Φίλιππος, Θωμᾶς, Λευῒς καὶ ἄλλοι πολλοί, and Orig. *c. Cels.* i 62 (Lomm. xviii 111).

p. 11, l. 11 τοῖς εἰδόσι. τὸ ὄργανον] [I think ὅτι has been lost after εἰδόσι and that there should be no stop before τὸ ὄργανον. J. B. M.]

l. 13 ἀπουσίας] Segaar's ἀμουσίας is very tempting: but perhaps ἀπουσία can stand in the sense of ὑστέρησις. It denotes in fact the opposite of περιουσία, for which cp. p. 12, l. 34.

p. 13, l. 7 ἐν τούτοις κτέ] This is certainly an allusion to the unrecorded saying of Christ quoted in § 40 (p. 30, l. 5). See the notes there. ἐν οἷς εἴλετο as it stands seems impossible; yet Prof. J. B. Mayor's transposition is not quite convincing.

l. 8 ὅπου γὰρ κτέ] Quoted with the same inversion *Strom.* VII xii 77 (878).

p. 14, l. 6 οὐδενία] Ghisler printed οὐδὲ, Segaar conjectured οὐδένεια.

l. 16. Dr Stählin suggests to me the omission of τις.

l. 22 καλῶς] Wendland, in the Berliner Philologische Wochenschrift,

1896, No. 13, suggests the insertion of <πλούσιος> after καλῶς. But, as Segaar says, the word is easily supplied.

ll. 30 f. There can be no doubt that Segaar was right in expunging the negative before πτωχὸς. The whole discussion is about the man who has cast away his worldly wealth and not his passions. Lauchert, in a review of Köster's *Quis Diues* in the Revue internationale de Théologie, 1893, p. 727, has seen this. Jülicher, however, in a review of the same book in the Theologische Literaturzeitung, 1894, Nr. 1, wishes to insert οὐ before πτωχῷ in l. 30; he takes the person speaking to be Christ, and the person addressed to be the rich young man: but it is clear from the previous lines that the γνήσιος πτωχὸς is addressing the νόθος ἄλλος πτωχὸς καὶ ψευδώνυμος.

l. 32. For the omission of the verb of saying cp. § 22, p. 17, l. 17.

p. 15, l. 21 καταστράπτεσθαι] For this expressive word Ghisler substituted the tame καταστρέφεσθαι.

l. 26 ὡς ἂν...ὁρμήσας] In suggesting to me this almost certain correction Dr Stählin refers, for the use of ὡς ἂν with the participle, to *Strom.* I v 31 (334); *ibid.* 32 (335); *ibid.* xxi 132 (399).

l. 27 καταπλῆγες] Ghisler gratuitously altered this to καταπληγεῖς. The form καταπληγής may now be struck out of Liddell and Scott. In the MS. the word is accented proparoxytone, as it is by some grammarians; cp. Chandler, *Greek Accentuation*, § 726.

p. 16, l. 21 βία] Cp. Tertullian, *Apol.* § 39 Haec uis deo grata est.

p. 17, l. 10. [Perhaps we should read ἀνόητα for νοητά. I doubt whether the latter word would be used in any but a good sense. J. B. M.]

l. 28 προβάλλεσθαι] Ghisler's alteration to ἀποβάλλεσθαι is needless. προβάλλεσθαι is used with the meaning "cast away" in Soph. *Phil.* 1017.

p. 18, l. 10 ὁπόσα] The last stroke of the π must have got a little separated from the rest of the letter in one of the ancestors of S, and thus the reading ὅτι ὅσα was produced. Somewhat similarly p. 19, l. 27 π has become τα.

l. 17 εἰς ἀνάπαυσιν κτέ] This can, I think, mean "to the rest (characterised by) inexpressible and unspeakable good things"; but Segaar's conjecture ἀπόλαυσιν is much easier to translate.

ll. 17 ff. Cp. Resch, *Agrapha*, pp. 102, 154 ff. and 281; Ropes, *Die Sprüche Jesu*, pp. 19 ff. It is noteworthy that the two passages, 1 Co ii 9 and 1 Pe i 12, are again combined by Clement in the *Exc. ex Theod.* § 86 (989). Cp. Resch, p. 301, Ropes, pp. 50 f.

ll. 31 f. "Art thou able to get the better even of money? Say so, and in that case Christ doth not draw thee from thy possessions..." [Hesychius gives the gloss φράσον=λέγε. J. B. M.]

p. 19, l. 3 <ἐκεῖ σωθήσεται>] This addition of Segaar's gives exactly the sense wanted; probably, however, a whole line has been lost.

l. 9 κατ' αὐτὸν] The words do not seem right. Prof. J. B. Mayor suggests κατὰ <τὸν> αὐτὸν sc. τρόπον: this is perhaps better than Segaar's κατὰ ταὐτὸ simul uel *eodem tempore*.

l. 12 ἀποδοκιμάζει] 'but it is the having these things *with persecutions* that He disallows.'

p. 20, l. 8 ἐπιδιδόντας] Segaar's suggestion ἐπιδόντας is perhaps right.

l. 20 πρὸ τῆς πίστεως] ["Before his conversion." J. B. M.]

l. 22 τὴν ψυχὴν] Segaar's correction τὴν τύχην, though perhaps unnecessary, is not improbable.

ll. 29 f. ἐνδοτέρω τῶν ὑπαρχόντων κάμπτειν τῆς ἐξουσίας] [A metaphor from the race-course, "to confine himself within the limits of what is allowed by his possessions." I have sometimes thought that τῆς ἐξουσίας might be a gloss on τῶν ὑπαρχόντων. J. B. M.]

p. 21, ll. 2 f. ἐν τῇ περὶ ἀρχῶν] In *Strom.* III iii 13 (516) and *ibid.* 21 (520) Clement speaks of this work as only contemplated. It follows that he wrote the *Quis Dives* after the *Stromata* and other works.

ll. 24 f. ἐκτίνοντας] The phrase ἐκτίνειν χάριν occurs also *Strom.* VII vi 34 (851), where the MS. has ἐκτείνειν.

p. 22, ll. 1 f. ἄνωθεν καταβαίνων] Ghisler corrected to καταβαίνοντα, but the nom., though bold, is perhaps possible in this graphic passage.

l. 8 οἶνον] Ghisler from V οἶον. Segaar here again conjectured the true reading.

l. 9 [For προσυπισχνούμενον, which has been assimilated to διδόμενον, read the nominative. J. B. M.]

l. 27 ἔλεον] For the play on ἔλεος and ἔλαιον cp. *Paed.* II viii 62 (205) μυστικῶς ταύτῃ νοοῦσι τὸ ἔλαιον, ὃ αὐτός ἐστιν ὁ κύριος, ἀφ᾽ οὗ τὸ ἔλεος τὸ ἐφ᾽ ἡμᾶς.

l. 28 ὑγείας] This late form occurs again § 41, p. 31, l. 11 and is the prevailing form in MSS. of Clement.

p. 23, ll. 23 f. αὐτοῖς—παρεσχηκότας] Ghisler accidentally omitted these words, and subsequent editors filled up the gap thus made from Mt xxv 45, so that the passage assumed quite a fresh appearance.

p. 24, ll. 21 f. αὐτὸν] This correction of Prof. J. B. Mayor's is also made by Dr P. Wendland (Berliner Phil. Wochenschrift, 1896, No. 13).

ll. 30 f. οἰκεία τροφὴ πυρὸς] [This and the following words seem to be taken from some poem or panegyric on an emerald or other jewel. But τροφὴ can only mean "food of flame," i.e. fuel, whereas emeralds were among the ἄκαυστα, cf. Theophr. vol. III. p. 51 (Teubner) τροφὴν ἀεὶ ζητεῖ τὸ πῦρ. Read τροφὸς "nurse of flame" i.e. scintillating. What follows may be translated :—"sport of time" (cf. *lusus naturae* used of fossils), "incident of an earthquake" (cf. what is said by Pliny and Theophrastus of gems being found after violent storms), "a tyrant's insolence" (cups etc. of precious stones); cf. the story of Cleopatra's pearls; also *Paed.* II iii 39 (191). J. B. M.]

A line of such a poem as Prof. J. B. Mayor speaks of is preserved *Paed.* II xii 118 (241)

σμάραγδος, ἐμπόλημα τιμηέστατον.

Just previously in the same place κεραυνῖται occurs evidently as the name of some sort of precious stone.

Possibly τροφή might be kept in the sense of "nursling of fire." Cp. Eur. *Cycl.* 189 ἀρνῶν τροφαί.

Combefisius and Potter read οἰκία "houses," and Segaar took οἰκεία (or οἰκεῖα) in the same sense.

p. 25, l. 6 γίνεται—ἀναπαύσεως] These words are omitted in V, and a late hand has corrected the following καὶ into ἀλλά.

ll. 10 f. ὅτι—δίδωσι] Omitted in V.

ll. 12 f. δώσω γὰρ—φίλων] These words must be a quotation, but the source is unknown. Jülicher (Theolog. Literaturz. 1894, Nr. 1) classes it among "sonst unbekannte Herrnworte."

ll. 13—23. In several cases in these lines I have restored the right reading from the Parall. Rup. Perhaps therefore its readings should be preferred to those of S in this passage where internal evidence is indecisive.

p. 26, l. 4 μεθ' ἡμῶν ἀναστάς] Segaar compares Hilary, *de Trinitate* L vi No. 43 resurgens de mortuis assumpsit nos. He prefers, however, to read δι' ἡμᾶς ἀναστάς comparing Polycarp, *ad Philipp.* § 9.

l. 24 ἐν ἔργοις] Segaar pointed out that these words belonged to the beginning of § 35 not the end of § 34.

p. 27, l. 8 τῶν ἐκλεκτῶν ἐκλεκτότεροι] Perhaps a reference to an "unwritten word" of Christ. Cp. *Strom.* VI xiii 107 (793) καὶ ἡ ἐξ ἀμφοῖν ἐκλογὴ μία καὶ τῶν ἐκλεκτῶν, φησὶν, ἐκλεκτότεροι κτέ.

l. 9 ἧττον] Klotz inserts ἤ before ἧττον.

l. 20 αὐτῷ] sc. τῷ σπέρματι.

l. 21 συναχθέντος αὐτοῦ] Cp. *Exc. ex Theod.* § 26 (975) καὶ τὸ σπέρμα συνεισέρχεται αὐτῷ εἰς τὸ πλήρωμα διὰ τῆς θύρας συναχθὲν καὶ εἰσαχθέν. Cp. also Mt iii 12 ‖; *Didache* §§ 9 f.

l. 23 θεῷ] Segaar's simple alteration from θῶ of the MS. is obviously right.

ll. 24 f. ὁ μονογενὴς θεός] In V the second hand gives the correction υἱὸς for θεὸς in the margin. Hence Ghisler and the Editors have ὁ μονογενὴς υἱὸς θεός. For a similar corruption in the MSS. of Origen see Brooke's *Fragments of Heracleon* (Texts and Studies I. 4), p. 8.

l. 26 ἐθεάθη] With Jülicher's emendation (given in the Theol. Literaturz. 1894, Nr. 1) cp. *Strom.* V iii 16 (654) ὅταν ὁ λόγος σάρξ γένηται, ἵνα καὶ θεαθῇ.

p. 28, l. 8 ἐπιπνῶς] This emendation can hardly be wrong. Clement uses the corresponding adj. *Strom.* II ii 7 (432) οἱ ἐπίπνοι ἐκ θεοῦ.

ll. 25 f. ἀγάπη δὲ εἰς πλήρ. συνέρχ.] Cp. *Exc. ex Theod.* § 26 (975) quoted in the note on p. 27, l. 21.

l. 30 αὐξήσας] Segaar's conjecture ἀσκήσας hardly seems necessary.

p. 29, l. 3 σφραγῖδα] "Baptism," cp. § 42, p. 33, l. 1.

ll. 4 f. κατεψήφισται] There is little doubt that a negative must be inserted to go with this verb. Segaar would read οὐ τέλεον οὗτος κατεψήφισται. With the whole passage cp. *Strom.* II xiii, xiv 56—61 (459, 460). Sense can, however, be made of the text as it stands by taking τέλεον with ὑπενηνέχθαι: "if a man allow himself to be completely mastered by sins at first committed ignorantly or involuntarily, this man is altogether condemned by God." The rest of the section must then be looked on as parenthetical, the main argument being resumed in § 40.

l. 25 περιμένει] Ghisler's περιμένειν is very harsh: it is easier to keep the MS. reading, and insert <ὅς> which would have been easily lost after πολυέλεος.

ll. 28 f. Cp. *Ecl. Proph.* § 15 (993).

p. 30, ll. 5 f. ἐφ' οἷς κτέ] Cp. p. 13, l. 7. See also Resch, *Agrapha*, pp. 112, 227 f. and 290 f., Ropes,`*Die Sprüche Jesu*, pp. 137 ff.: [also *Apophthegmata Patrum*, Cotelier, *Eccl. Gr. Mon.* I 821 f. (and his note: reprinted in Migne, *P.G.* 65. 403 ff.). J. A. R.].

l. 19 εὑρεθῇς] Wendland's suggestion (Berliner Philol. Wochenschrift, 1896, No. 13) εὐθαρσῆς "oder etwas ähnliches" is needless. Cp. Origen, *Comm. in Mt.* xiv 9 (Lomm. iii 287), (quoted by Tisch. on Lc xii 58).

l. 20 φθάνων] [Should it not be φθάσας ? J. B. M.]

p. 31, ll. 14 f. καὶ στενάξαντα λυπήθητι] This can hardly be right. Prof. J. B. Mayor and Dr P. Wendland independently suggest στενάξαντος, but the genitive seems out of place among so many accusatives. Segaar's εὐλαβήθητι is the best suggestion I know of.

p. 32, ll. 6 ff. "In one place to appoint Bishops, in another to set in order whole churches, in another (to set in order) the clergy, and to ordain individuals among those pointed out by the Spirit." Thus κλῆρον is opposed to ὅλας ἐκκλησίας. If ἕνα γέ τινα be read, it seems to be necessary to adopt also the very slightly attested reading κλήρῳ "ordaining to the ministry": for κλῆρος means "the body of ministers" and not a single minister.

l. 9 ἧς καὶ τοὔνομα κτέ] Smyrna, according to the *Chron. pasch.* ed. Bonn. p. 470 (Migne, Series Gr. vol. 92, col. 608).

p. 37, l. 3 μετὰ ἀναιδείας] Perhaps there is here a reminiscence of Lc xi 8.

APPENDIX ON SOME CLEMENTINE FRAGMENTS.

1. THE following fragment occurs in a MS. in the Escurial Library now bearing the class-mark Y III 19. This is a paper MS. consisting now of 260 leaves; the pages measure $8\frac{1}{4}$ by $5\frac{1}{2}$ inches; it belonged to the well-known Antonius Augustinus, and on fol. 1ᵃ at the left-hand bottom corner is the number 86, which it bore in his library (see Graux, *Essai sur les origines du Fonds Grec de L'Escurial*, pp. 298 ff.). It contains a miscellaneous collection of theological writings and extracts. Our fragment occupies fol. 246ᵇ to 248ᵃ, and with it ceases the writing of the regular scribe: it is followed by the date ἔτους ͵ςωξη μηνὶ φἁ = 1360 A.D. I feel almost convinced that this date is not in the hand of the scribe himself, but it agrees very well with the apparent age of the MS. The remaining pages have been filled up with various theological extracts by former possessors. The concluding pages have been lost. The heading of the fragment in the MS. is Κλίμεντος παραγγέλματα, but in an apparently contemporary table of contents the name is written Κλήμεντος.

Κλήμεντος παραγγέλματα.

Ἡσυχίαν μὲν λόγοις ἐπιτήδευε, ἡσυχίαν δὲ ἔργοις, ὡσαύτως δὲ ἐν γλώττῃ καὶ βαδίσματι· σφοδρότητα δὲ ἀπόφευγε προπετῆ· οὕτως γὰρ ὁ νοῦς διαμενεῖ βέβαιος, καὶ οὐχ ὑπὸ τῆς σφοδρότητος τα-
5 ραχώδης γενόμενος ἀσθενὴς ἔσται καὶ βραχὺς περὶ φρόνησιν καὶ σκοτεινὸν ὁρῶν· οὐδὲ ἡττηθήσεται μὲν γαστριμαργίας, ἡττηθήσεται δὲ ἐπιζέοντος θυμοῦ, ἡττηθήσεται δὲ τῶν ἄλλων παθῶν ἕτοιμον αὐτοῖς ἅρπαγμα προκείμενος. τὸν γὰρ νοῦν δεῖ τῶν παθῶν ἐπικρατεῖν ὑψηλὸν ἐπὶ ἡσύχου θρόνου καθήμενον ἀφορῶντα πρὸς θεόν. μηδὲν

1 Κλίμεντος   2 ὡσαυτῶς   4 διαμένει   6 σκοτεινὸν ὁρῶν
(J. A. Robinson)] σκοτεινῶν ὁρῶν   9 θρόνον

ὀξυχολίας ἀνάπλεος ἔσο περὶ ὀργὰς, μηδὲ νωθρὸς ἐν λόγοις, μηδὲ ἐν βαδίσμασιν ὄκνου πεπληρωμένος, ἵνα σοι ῥυθμὸς ἀγαθὸς τὴν ἡσυχίαν κοσμῇ καὶ θειῶδές τι καὶ ἱερὸν τὸ σχῆμα φαίνηται. φυλάττου δὲ καὶ τῆς ὑπερηφανίας τὰ σύμβολα, σχῆμα ὑψαυχενοῦν καὶ κεφαλὴν ἐξηρμένην καὶ βῆμα ποδῶν ἁβρὸν καὶ μετέωρον. ἤπιά σοι 5 πρὸς τοὺς ἀπαντῶντας ἔστω τὰ ῥήματα, καὶ προσηγορίαι γλυκεῖαι· αἰδὼ δὲ πρὸς γυναῖκας <ἄσκει> καὶ βλέμμα τετραμμένον εἰς γῆν. λάλει δὲ περιεσκεμμένως ἅπαντα, καὶ τῇ φωνῇ τὸ χρήσιμον ἀποδίδου τῇ χρείᾳ τῶν ἀκουόντων τὸ φθέγμα μέτρον, ἄχρι δὴ καὶ ἐξάκουστον εἴη, καὶ μήτε διαφεύγων τὴν ἀκοὴν τῶν παρόντων ὑπὸ σμικρότητος, 10 μήτε ὑπερβάλλων μείζονι τῇ κραυγῇ. φυλάττου δὲ ὅπως μηδὲν ποτὲ λαλήσῃς ὃ μὴ προεσκέψω καὶ προενόησας· μηδὲ προχείρως καὶ μεταξὺ <τῶν> τοῦ ἑτέρου λόγων ὑπόβαλλε τοὺς αὑτοῦ· δεῖ γὰρ ἀνὰ μέρος ἀκούειν καὶ διαλέγεσθαι χρόνῳ μερίζοντα λόγον καὶ σιωπήν· μάνθανε δὲ ἀσμένως, καὶ ἀφθόνως δίδασκε, μηδὲ ὑπὸ φθόνου ποτὲ 15 σοφίαν ἀποκρύπτου πρὸς τοὺς ἑτέρους, μηδὲ μαθήσεως ἀφίστασο δι' αἰδῶ. ὕπεικε πρεσβυτέροις ἴσα πατράσιν· τίμα θεράποντας θεοῦ· κάταρχε σοφίας καὶ ἀρετῆς. μηδὲ ἐριστικὸς ἔσο πρὸς τοὺς φίλους, μηδὲ χλευαστὴς κατ' αὐτῶν καὶ γελωτοποιός· ψεῦδός τε καὶ δόλον καὶ ὕβριν ἰσχυρῶς παραιτοῦ· σὺν εὐφημίᾳ δὲ φέρε καὶ τὸν ὑπερή- 20 φανον καὶ ὑβριστὴν πρᾶός τε καὶ μεγαλόψυχος ἀνήρ. κείσθω δέ σοι πάντα εἰς θεὸν καὶ ἔργα καὶ λόγοι, καὶ πάντα ἀνάφερε Χριστῷ τὰ σαυτοῦ, καὶ πυκνῶς ἐπὶ θεὸν τρέπε τὴν ψυχήν, καὶ τὸ νόημα ἐπέρειδε τῇ Χριστοῦ δυνάμει ὥσπερ ἐν λιμένι τινὶ τῷ θείῳ φωτὶ τοῦ σωτῆρος ἀναπαυόμενον ἀπὸ πάσης λαλιᾶς τε καὶ πράξεως. καὶ 25 μεθ' ἡμέραν μὲν ἀνθρώποις κοίνου τὴν σεαυτοῦ φρόνησιν, θεῷ δὲ πολλάκις μὲν ἐπιπλεῖστον <δὲ> ἐν νυκτὶ ὁμοίως καὶ ἐν ἡμέρᾳ· μὴ γὰρ ὕπνος σε ἐπικρατείτω πολὺς τῶν πρὸς θεὸν εὐχῶν τε καὶ ὕμνων· θανάτῳ γὰρ ὁ μακρὸς ὕπνος ἐφάμιλλος. μέτοχος Χριστοῦ ἀεὶ καθίστασο <τοῦ> τὴν θείαν αὐγὴν καταλάμποντος ἐξ οὐρανοῦ· εὐφρο- 30 σύνη γὰρ ἔστω σοι διηνεκὴς καὶ ἄπαυστος ὁ Χριστός. μηδὲ λύε τὸν τῆς ψυχῆς τόνον ἐν εὐωχίᾳ καὶ ποτῶν ἀνέσει, ἱκανὸν δὲ ἡγοῦ τῷ

1 ἔσω (occurrit forma ἔσο infra bis (48 18, 49 5) et Plut. (Apophth. Lac.) 241) ὀργὰς] ὄργα μηδὲ νωθρὸς] μὴ δὲν ωθὸς 3 κοσμοῖ 6 ἀπαντῶντας (J. A. Robinson)] ἀπατῶντας γλυκύαι 7 <ἄσκει> addidi, quod inter -ας et καὶ facilius omitti potuit 8 ἀπεδίδου 8, 9 ἀποδίδου, τῇ χρείᾳ......μετρῶν J. A. Robinson 11 ὑπερβόλλων (J. B. Mayor)] ὑποράλλων 13 <τῶν> addidi αὑτοῦ ἀνὰ] ἕνα 14 χρόνων 17 ὑπείκου 20 ὑπερίφανον 21 πρᾶός τε] forsitan addendum ὢν 27 <δὲ> addidi 30 <τοῦ> addidi 32 ἐνοχεία

APPENDIX ON SOME CLEMENTINE FRAGMENTS. 49

σώματι τὸ χρειῶδες. καὶ μὴ πρόσθεν ἐπείγου πρὸς τροφὰς πρὶν ἢ καὶ
δείπνου παρείη καιρός· ἄρτος δὲ ἔστω σοι τὸ δεῖπνον, καὶ πόαι γῆς
προσέστωσαν καὶ τὰ ἐκ δένδρων ὡραῖα· ἴσθι δὲ ἐπὶ τὴν τροφὴν
ἀπαθῶς καὶ μὴ λυσσώδη γαστριμαργίαν ἐπιφαίνων· μηδὲ σαρκο-
5 βόρος μηδὲ φίλοινος ἔσο, ὁπότε μὴ νόσος τις ἴασιν ἐπὶ ταύτην ἄγοι.
ἀλλ' ἀντὶ τῶν ἐν τούτοις ἡδονῶν τὰς ἐν λόγοις θείοις καὶ ὕμνοις
εὐφροσύνας αἱροῦ τῇ παρὰ θεοῦ σοι χορηγουμένῃ σοφίᾳ, οὐράνιός τε
ἀεί σε φροντὶς ἀναγέτω πρὸς οὐρανόν· καὶ τὰς πόλλας περὶ σώματος
ἀνίει μερίμνας τεθαρσηκὼς ἐλπίσι ταῖς πρὸς θεὸν, ὅτι σοί γε τὰ
10 ἀναγκαῖα παρέξει διαρκῆ τροφήν τε τὴν εἰς ζωὴν καὶ κάλυμμα
σώματος καὶ χειμερινοῦ ψυχοῦς ἀλεξητήρια· τοῦ γὰρ δὴ σοῦ βασιλέως cf. Ps xxiii (xxiv) 1
γῇ τε ἅπασα καὶ ὅσα ἐκφύεται· ὡς μέλη δὲ αὐτοῦ <τὰ σώματα>
τῶν αὐτοῦ θεραπόντων ὑπερβαλλόντως περιέπει καθάπερ ἱερὰ καὶ cf. 1 Co vi 15, 19
ναοὺς αὐτοῦ. διὰ δὴ τοῦτο μηδὲ νόσους ὑπερβαλούσας δέδιθι μηδὲ
15 γήρως ἔφοδον χρόνῳ προσδοκωμένου· παύσεται γὰρ καὶ νόσος ὅταν
ὁλοψύχῳ προθέσει ποιῶμεν τὰς αὐτοῦ ἐντολάς. ταῦτα εἰδὼς καὶ
πρὸς νόσους ἰσχυρὰν κατασκεύαζε τὴν ψυχήν, εὐθάρσησον ὥσπερ τις
ἀνὴρ ἐν σταδίοις ἄριστος ἀτρέπτῳ τῇ δυνάμει τοὺς πόνους ὑφίστασθαι.
μηδὲ ὑπὸ λύπης πάνυ πιέζου τὴν ψυχὴν, εἴτε νόσος ἐπικειμένη
20 βαρύνει εἴτε ἄλλο τι συμπίπτει δυσχερές, ἀλλὰ γενναίως ἀνθίστα
τοῖς πόνοις τὸ νόημα χάριτας ἀνάγων θεῷ καὶ ἐν μέσοις τοῖς ἐπιπόνοις
πράγμασι ἅτε δὴ σοφώτερά τε ἀνθρώπων φρονοῦντι καὶ ἅπερ οὐ
δυνατὸν οὐδὲ ῥᾴδιον ἀνθρώποις εὑρεῖν. ἐλέει δὲ καλουμένους, καὶ
τὴν παρὰ τοῦ θεοῦ βοήθειαν ἐπ' ἀνθρώποις αἰτοῦ· ἐπινεύσει γὰρ
25 αἰτοῦντι τῷ φίλῳ τὴν χάριν, καὶ τοῖς καλουμένοις ἐπικουρίαν παρέξει
τὴν αὐτοῦ δύναμιν γνώριμον ἀνθρώποις καθιστάναι βουλόμενος, ὡς cf. Ro ix 23
ἂν εἰς ἐπίγνωσιν ἐλθόντες ἐπὶ θεὸν ἀνίωσιν, καὶ τῆς αἰωνίου μακα-
ριότητος ἀπολαύσωσιν ἐπειδὰν ὁ τοῦ θεοῦ υἱὸς παραγένηται ἀγαθὰ
τοῖς ἰδίοις ἀποκαθιστῶν.

The title of this extract is certainly very vague, and its
character is such that it is impossible to build much on the style,
but there can be no doubt that the ideas are just what we should
expect from the Alexandrian Clement. Now Eusebius (*H. E.*

1, 2 πρινὶ καὶ δείπνου παρεη 3 forsitan ἴθι J. B. Mayor 4 ἀπαθῶς]
ἀσταθῶς 5 φίλινος ἔσο] ἔσω sec. man. νόσου 7 ἐροῦ 9 ἀνίου
τεθαρσικῶς 10 διαρκεῖ 12 <τὰ σώματα> addidi 14 δέδηθι
15 εὔφοδον προσδοκμένου 22 σοφότερα 23 καλουμένοις
23, 25 κακουμένους et κακουμένοις O. Stählin 26 τῇ αὐτοῦ δυνάμει βου-
λομένοις 27 ἀνιώσῃ (sed inter η et ιν interdum in hoc codice uix distingui
potest)

B. 4

VI. 13) mentions among his works ὁ προτρεπτικὸς εἰς ὑπομονὴν ἢ πρὸς τοὺς νεωστὶ βεβαπτισμένους. Surely it is at all events a probable conjecture that our extract belongs to this tract.

2. The following fragment was kindly pointed out to me by one of the assistant Librarians at the Ambrosian Library in Milan. In a tenth or eleventh century MS. (H 257 sup. fol. 10[b]) occurs an extract[1] headed Ἀναστασίου Θεουπόλεως ἐκ τῶν πρὸς πεῦσιν καὶ ἀπόκρισιν, in which comes the following passage:—

Ἔνθεν φησὶν ὁ Ῥωμαῖος Κλήμης ἐν τῷ περὶ προνοίας λόγῳ· Βραχμᾶνοι ἐπόρειον οἰκοῦντες καὶ καθαρωτάτου ἀπολαύοντες ἀέρος ζῶσι τέλειον καὶ πληρέστατον χρόνον τῆς ζωῆς τῶν ἀνθρώπων· εἰ οὖν ἐξ ἀέρος ὑγεία καὶ παράτασις γίνεται ζωῆς, εὔδηλον ὅτι καὶ νόσοι καὶ θάνατοι ἐκ τῶνδε τῶν στοιχείων κατά τινας αὐτῶν πλεονασμοὺς καὶ ἐλαττώσεις ὡς εἴρηται συμβαίνουσιν.

It is clear that Anastasius confused the two Clements, and that this fragment is really from the Alexandrian. On Clement of Alexandria's work περὶ προνοίας see Zahn, *Forschungen* III. 39. The Brahmins (Βραχμᾶνες) are three times mentioned in the Stromata I xv 68 (355); ibid. 72 (360); III vii 60 (538).

3. In a Madrid MS. (O 15, paper, cent. XVI) in a collection of ὅροι διάφοροι occurs an extract headed τοῦ ἁγίου κλήμη· μαθητοῦ τοῦ ἁγίου Πέτρου· περὶ ἐτυμολογίας. Incipit Ἡτυμολογία ἐστίν, ἡ τῆς δυνάμεως τοῦ ὀνόματος τῆς (lege ὀρθότης) ἐξ αὐτοῦ τοῦ ὀνόματος ἑρμηνευομένη· οἷον κατὰ τί εἰρήνη; κατὰ τὸ εἰρεμὴν (lege ἠρεμεῖν) τὸν νοῦν. Explicit σχολεῖον εἴρηται διὰ τὸ κατασχολῆν (lege κατὰ σχολὴν) παρατίθεσθαι πρὸς σαφεστέραν ἑρμηνείαν τῶν δυσνοήτων νοημάτων ἢ ῥημάτων.

This extract is of some length: it consists entirely of absurd popular derivations, and is not worth printing here, being evidently spurious. A very similar collection to the one in this codex is printed among the Spuria of St Athanasius (Montfaucon, vol. II, pp. 242 sq.) under the title of Liber de Definitionibus. The heading is Ὅροι διάφοροι κατὰ τὴν παράδοσιν καὶ πίστιν τῆς καθολικῆς ἐκκλησίας, συλλεγέντες ἀπό τε Κλήμεντος καὶ ἑτέρων ὁσίων ἀνδρῶν καὶ μακαρίων πατέρων. On p. 250 without any special heading come the first few lines of one extract, and after them

[1] Mai in his *Scriptorum Veterum Nova Collectio* (Tom. I, pars I, p. 369) prints from a Vatican MS. an extract of Anastasius for the most part identical with the Milan one, but it does not contain the Clementine fragment.

APPENDIX ON SOME CLEMENTINE FRAGMENTS. 51

καὶ ἐν τοῖς λοιποῖς ὁμοίως, which looks as if the scribe had the rest of the extract before him, but was tired of copying such nonsense. A similar collection is printed in Anastasius Sinaiticus, *Viae dux*, ch. II (see Zahn, *Forschungen* III 43), and occurs also in a Laurentian MS. (Plut. IX, cod. 8, see Zahn, *loc. cit.*), and in Codex Sinaiticus Graecus 453 (see Harnack, *Litt. Gesch.* I 778). The Madrid Codex differs from the other recensions in assigning the different extracts to their supposed authors, and makes it clear that nothing can be added to our knowledge of Clement's writings from this source, as Zahn seems to hope[1].

4. In a Florence MS. (Med. Laurenziana Plut. VII. cod. 15, f. 105ᵇ) is found in a mutilated form the Gnomologia of Maximus. This MS. was examined for Zahn by Prof. Italo Pizzi (Zahn, *Forsch.* III 8). I give here the variants from Dindorf:

f. 105ᵇ ὥσπερ ἔοικεν—φανῇ = Strom. VI xii 102 (Dind. III 201. 14—18). *Collation* with Dind. ὡς] ὥσπερ | om. οὖν | ἐστιν | om. πάντοθεν | ἐποχῇ | χολεύουσα | om. τε.

f. 160ᵇ ἕπεται—σκιά = Strom. VII xiii 82 (III 323. 27 sq.). *Collation.* om. γὰρ | τῇ γνώσει τὰ ἔργα.

f. 184ᵃ ὅσα περὶ ὕπνου—ἧττον = Strom. IV xxii 141 (II 398. 28—399. 1). *Collation.* om. δ' αὖ | ἀποστασίαν.

id. πᾶσι—ἀποτεμνομένοις = Paed. II ix 81 (I 285. 12—18). *Collation.* om. ἠρέμα—ἐθίζουσιν | om. ἐπιτρέπειν | om. εἰς | ἐγρηγορῶσιν.

f. 202ᵃ ἀνύποπτον—πρέποντος = Strom. II xxiii 146 (II 240. 21—23). *Collation.* om. δὲ | διβολικὴν | τὸ] τῶ.

f. 221ᵇ. With the lemma Νείλου is quoted the sentence μακάριος ὁ τὸν βίον ὑψηλὸν ἔχων, ταπεινὸν δὲ τὸ φρόνημα, which is referred to Clement (by a τοῦ αὐτοῦ) in the Parall. Rup. f. 264ᵃ (Harnack, *Litt. Gesch.* I p. 321).

f. 234ᵃ οὐχ ἡ—εἰλικρίνεια. Quoted by Zahn, p. 55, but this codex has ἀγωγὴ for ἀποχὴ.

f. 241ᵃ κλη: ὁ τοῖς ὀνείροις προσέχων ἔοικε τῷ τὴν σκιὰν αὐτοῦ διώκοντι. (This extract has apparently escaped the notice of Prof. Pizzi.)

[1] *Forsch.* III 42. Es ist vielleicht erlaubt, mit dieser Schrift (De dogmatibus ecclesiasticis) eine Reihe mehr oder weniger unsicherer Angaben zu verbinden, welche zum Theil den Schein erwecken, als ob Cl. eine besondere Schrift über gewisse für die Theologie wichtige Begriffe verfasst hätte.

f. 251ᵃ¹ καθόλου—οἰκεῖός ἐστιν = Paed. II vii 60 (I 266. 26 f.).
Collation. om. γὰρ | ἡσυχίας καὶ ἠρεμίας.
    id. (same extract continued). οὐ μόνον—ἐπανηρημένῳ = Strom.
I x 48 (II 41. 13—15). *Collation.* οὐ μόνον εὐτελῆ.
    id. φιλοσοφία ἐστὶν ἠθῶν κατόρθωσις μετὰ δόξης τῆς περὶ τῶν ὄντων εὐσεβοῦς.
    The Maximus[2] is preceded by the Gnomologia of the Monk Georgidius, which contains one extract marked Clement.
    f. 86ᵇ τὸ περὶ—καρτερές = Paed. II vi 52 (I 259. 18—20).
Collation. om. δὲ | ἀσκεῖν σωφρονεῖν | λαγνείας ἐστὶ καρτερές.

5. The following extracts occurring in the Parall. Rup. are not referred to their places by Harnack, *Litt. Gesch.* I 317 ff.
    f. 72ᵃ ὡς ἔοικε—σεμνή = Strom. VII xvi 100 (Dind. III 339. 25—27).
    f. 109ᵇ οὐ περὶ—στρεπτέον = Strom. VI xvii 151 (III 237. 4 f.).
    id. ἐκδέχεται—καταληπτικήν = Strom. VIII i 2 (III 351. 28—352. 4). Zahn gives the reference on p. 28.
    f. 200ᵇ τῷ τελείῳ—δικαιοσύνη = Strom. VI xv 125 (III 217. 23—25).
    f. 201ᵃ ὅταν μὴ—ὁδεύει γένος = Strom. VII xii 73 (III 315. 17—20).

6. In the MS. of the Sacra Parallela, Paris 923, f. 98ᵇ, occurs the fragment ἄτοπόν ἐστιν διώκοντα τὰς τιμὰς φευγεῖν (lege φεύγειν) τοὺς πόνους δι' ὧν αἱ τιμαί with the lemma ἐκ τοῦ τίς ὁ σωζόμενος πλούσιος. In Parall. Vat. Lequien 713 this fragment has the lemma Εὐαγρίου. In both cases it follows the extract from *QDS* § 21, beginning οὐ τῶν καθευδόντων. It is not to be found in the *QDS*, but may perhaps be meant for a summary of the teaching of § 3.

[1] The extracts on this page are without any lemma: the last is no doubt from some other author.
[2] The other Clementine extracts in the Maximus are f. 105ᵇ ἡ τῶν κακῶν—ἀρχή Zahn p. 55. f. 130ᵃ κλήμεντος ῥώμης :—οὐ δίκαιόν ἐστι τοῦ δεδωκότος ἐγκαταλειφθέντος τὰ δοθέντα παραμένειν τοῖς ἀγνώμοσιν. f. 142ᵇ several fragments from Nilus and others under the heading κλήμεντος. f. 221ᵇ τοσοῦτόν τις—εἶναι Zahn p. 62. f. 226ᵇ πάντων—πρὸς αὐτόν and ἀθάνατοι—ἔχουσιν Zahn p. 63. f. 230ᵇ εἰ βούλει—σεαυτόν Zahn p. 63. This extract gives the sense of Paed. III i 1 (Dind. I 324. 5 f.).

INDEX OF SCRIPTURE PASSAGES IN THE QUIS DIVES SALVETUR.

The numbers refer to the pages: those marked with an asterisk contain an allusion only.

GENESIS		
iii 19	13*	
ISAIAH		
i 18	29	
EZEKIEL		
xviii 23	29	
HOSEA		
vi 6	29	

S. MATTHEW		
iii 10	22*	
v 3	12*, 13	
6	13	
8	12*, 14*	
13, 14	27	
25	30*	
29, 30 ‖‖	18*	
39	14*	
44	17*	
48	1*	
vi 20	10	
21	13	
vii 1, 2	25	
7	8*	
11	29*	
14	21*	
21	22	
viii 22	18*	
ix 10 ‖‖	10*	
13	29	
x 22	25	
40, 41, 42	23	
xi 11	23*	
12	16*	
27	6	

xii 7	29	
50	8*	
xiii 16, 17	23*	
38	5*	
xvii 27	17*	
xviii 10	23	
xix 21	9	
xxiii 9	18*	
12	2*	
15	24*	
xxv 34—40	23	
41, 42, 43	10*, 23*

S. MARK		
ii 7	29*	
iv 19 ‖‖‖	9*	
viii 35	19*	
x 17—31	4	
18 ‖ ‖	1*	
20	7*	
21	8, 12	
21 ‖ ‖	15*	
22	15*	
25	20	
25 ‖‖‖	2*	
26	15	
27	3*, 16	
28, 29	17	
30	19, 20	
31	20	
xii 30	21	

S. LUKE		
iii 9	22*	
v 21	29*	
vi 27	17*	
29	14*	
30	24	
35	17*	
38	25	

S. LUKE

vi	45		13	
	46		23	
vii	28		23*	
ix	60		18*	
	62		29*	
x	16		23*	
	27, 29		21	
	30—37		22*	
	39, 40, 41, 42		8*	
xi	9		8*	
	13		29*	
xii	32		23	
	34		13	
	58		30*	
xiv	26		17, 19*	
	33		11*	
xv	7, 10		29*	
xvi	9		10, 24, 25*	
xvii	3, 4		29*	
xix	6		10*	
	9		10	

S. JOHN

i	17		7
	18		27*
v	26		6*
vi	50, 51		18*
ix	34		28*
xiii	17		23*
xiv	8, 9		18*
	23		26*
	27		27*
xv	5, 6		28*
xvii	2, 3		6*

ROMANS

i	17		7*
vii	12		7
viii	14, 15, 17		7*
	19, 20, 21		22*
x	3		9*
	4		7*
xi	36		1*, 21*

I CORINTHIANS

ii	9		18
iii	13		19*
	17		14*
vii	29—31		15*
ix	25		4*
xi	25		4*
xii	31		28*
xiii	4, 5, 6, 7, 8		28
	13		4*, 28

II CORINTHIANS

i	3		29*
iv	7		26*
	18		20
ix	6		24*
	7		24

GALATIANS

ii	21		7*
iii	24		7*
vi	7		31*

EPHESIANS

iii	10		22*
iv	28		30*
vi	12		22*

PHILIPPIANS

ii	8		7*
iii	14		2*

I TIMOTHY

i	17		27*
vi	19		6*

II TIMOTHY

iv	6		27*

HEBREWS

i	14		22*
iii	5		7*
xii	23		17*

I PETER

i	3		18*
	12		18
iv	8		28

II PETER

iii	10		27*

I JOHN

iii	15		28
iv	8, 16		27*
	18		28

AGRAPHA   13*, 30
   25
DIDACHE § 9   22*
CLEM. AD COR. lxi, lxv   37*
HERM. PAST. Sim. ix 33 et alibi   36*

INDEX OF GREEK WORDS IN THE QUIS DIVES SALVETUR.

ἀβασανίστως, ἀκροᾶσθαι 4 22
ἀβέβαιος 20 3
ἄβιος inops 14 11
ἁβρά, τά 15 21
ἀγγελικά, κηρύγματα 4 12
ἄγγελος, τῆς μετανοίας 36 17
ἄγευστος, δικαιοσύνης 13 26
ἄγκιστρον 15 30
ἁγνεύειν 30 16
ἄγονος 28 11 ἅ. ἀδικημάτων 7 12
ἀγορά, θεία 24 24
ἀγροίκως 13 30
ἀγρυπνεῖν 31 17
ἄγχειν, τὸν λογισμόν 12 3
ἀγχίστροφος 2 5
ἀγωνιάζειν 25 2
ἀγωνίζεσθαι 18 30
ἀγωνιστής 7 16
ἀγωνοθέτης 4 3
ἀδιάφορα, τά 12 6 15 25
ἀδόλως 26 30
ἀεί : τὸν ἀ. χρόνον 31 10
ἄζηλος 13 17
ἀήττητος 20 33
ἀθανασία 6 8 7 10 πόμα ἀθανασίας 18 23
ἀθέατος 26 7
ἄθεος 18 3 19 17 31 26
ἄθλησις 3 26
ἀθλητής : τὸ τῶν ἀ. 3 22
ἀθλοθέτης 4 10
ἆθλον 14 1 τὰ ἅ. τοῦ σωτῆρος 3 31
ἄθρουν adv. 28 12
ἀθρόως 31 1
ἀίδιος 20 27
αἷμα : τὸ αἷ. τῆς ἀμπέλου 22 25 αἷ. θεοῦ παιδός 26 10 v. πρός
αἵρεσις 8 6
αἰσθητός, πλοῦτος 15 24 19 29
αἰσχρός deformis 14 4

αἰτιᾶσθαι, τινὰ ὅτι 8 25 causari 11 18 37 1
αἰφνίδιος 13 15
αἰώνια, τά 6 24, 28 29 1
ἄκανθα : αἱ ἅ. τοῦ βίου 9 9
ἀκερδής 13 16
ἀκμάζειν : νόσος ἀκμάζουσα 26 20
ἀκοή : ταῖς ἀκοαῖς δέχεσθαι 6 3
ἀκολακεύτως 26 31
ἀκόλαστος 31 10
ἀκονιτὶ κἀνιδρωτί 4 1
ἀκρασία, γνώμης 14 10
ἀκρίβεια 30 12
ἀκροᾶσθαι 4 23 5 26
ἄκρως 9 15
ἀκτημοσύνη, χρημάτων 15 34
ἀκτήμων 25 28
ἄκτητος 13 21
ἀλαζυνεία 10 4
ἀλείπτης 31 7
ἄλεκτος 18 17
ἀλήθεια, ἡ de Christo 6 8
ἀλλότριον, τό 14 30 τὰ ἀ. 9 28 28 5
ἀλογώτατος 11 6
ἄλυτος 22 28
ἀμέλει 8 15
ἀμελητέον 21 6
ἀμελῶς 25 28
ἄμετρος 1 14 13 2
ἀμηχανεῖν c. gen. 9 15
ἀμίαντος 26 15
ἀμνηστία 30 2
ἀμοιβή : πρὸς ἀμοιβήν 21 26
ἄμοιροι, θεοῦ 13 26
ἄμπελος : ἡ ἅ. ἡ Δαβίδ 22 25
ἀμύητος : οἱ ἅ. τῆς ἀληθείας 3 9
ἀμύνεσθαι c. acc. pers. 17 32
ἀμφίβολος : ὡς ἐν ἀ. 25 15
ἀμφιλαφής 20 23

ἀνὰ κράτος 35 ₁
ἀναγεννᾶν 18 ₁₁
ἀναγκάζειν 8 ₉
ἀναγώνιστος 4 ₁
ἀνάδελφος 19 ₇
ἀναζητεῖν 24 ₂₂
ἀναίδεια: μετὰ ἀναιδείας 37 ₃
ἀναίμακτος 26 ₁₅
ἀναιρεῖν: ἀλλήλους ἀ. οἱ λόγοι 17 ₂₉, ₃₀
ἀναίτιος 11 ₁₃, ₁₈
ἀνακεῖσθαι 20 ₉
ἀναλογία, τοῦ πατρός 27 ₁₈
ἀνάλογον 17 ₂₆
ἀναμαρτησία 17 ₁₃
ἀναμάχεσθαι reparare 28 ₃₁
'Αναξαγόραι homines A. similes 9 ₂₁
ἀναπαύειν c. acc. pers. 24 ₉ 32 ₁₀
ἀνάπαυσις 6 ₁₀ 18 ₁₇ 25 ₆
ἀναπνεῖν, θεόν 20 ₃₁
ἀνάπτειν, τὰ πρωτεῖα τῷ θεῷ 22 ₁₆
ἀνάσκητος 3 ₃₃
ἀνατέλλειν intrans. 20 ₂₈
ἀναφέρειν 3 ₅
'Ανδρέας 19 ₁₀
ἀνδρολογεῖν 16 ₂
ἀνέγκλητος 20 ₂₂
ἀνεκλάλητος: τὰ ἀ. μυστήρια 27 ₁₃
ἀνελεύθερος 1 ₂
ἀνέλπιστον, τό 21 ₁₄
ἀνενδεής, θεός 21 ₂₆
ἄνεσις 33 ₁
ἀνέστιος 19 ₇
ἀνέφικτος 10 ₁₃
ἀνθηρός 15 ₂₂
ἀνθομολογεῖσθαι, συνθήκην πρός τινα 28 ₄
ἀνθρώπινος 13 ₂₆ -νως 5 ₂₄
ἀνθρωπότης 7 ₈
ἀνιέναι a fortiori ratiocinari 17 ₂₆
ἀνόητος 30 ₈
ἄνοσος 20 ₃₃
ἀντάξιος 17 ₈ ἀ. τῶν ὅλων 28 ₂
ἀνταπαιτεῖν 28 ₃
ἀντεισάγεσθαι 15 ₅
ἀντέχεσθαι absol. 17 ₁
ἀντιδιδόναι, τι ὑπέρ τινος 35 ₆
ἀντίδοσιν ποιεῖσθαι 15 ₃
ἀνταλλάσσεσθαι, τί τινος 15 ₁₀
ἀντιλαμβάνειν 15 ₁₂ 24 ₂₆

ἀντιμετρεῖν, τινὰ πρός τι 27 ₃₃
ἀνυπόκριτος 31 ₂₁ -τως 26 ₃₁
ἀνωμολογημένος: εὐαγγέλια ἀ. 5 ₂₁
ἀξιόχρεως 32 ₁
ἄοπλος 26 ₁₄
ἀόργητος 26 ₁₅
ἀπάθεια 16 ₁₃
ἀπαθής 16 ₈
ἀπαιρεῖν absol. 32 ₁₆
ἀπαιτεῖσθαι 24 ₁₁
ἀπαλείφειν 30 ₄
ἀπαλλαγή 12 ₃₃
ἀπαλλοτριοῦν 11 ₃₂
ἀπαρτᾶσθαι, ἀλλήλων τῇ φύσει 13 ₁₉
ἄπαυστος 18 ₁₃ 36 ₁₁
ἀπαυτομολεῖν c. gen. 9 ₂
ἀπείπασθαι, πλοῦτον 9 ₁₇
ἄπειρος, ζωή 19 ₃₄
ἀπελαύνεσθαι, οὐρανῶν 16 ₈ ζωῆς 20 ₂₅
ἀπελπίζειν 3 ₂₆
ἀπερρωγώς perditus 33 ₂
ἀπέρχεσθαι absol. 28 ₂₄
ἀπλάστως 26 ₃₁
ἀπλοῦσθαι 5 ₂₉
ἁπλῶς 5 ₃₅
ἀπόβλητος 13 ₂₁ τὰ ἀ. 12 ₆
ἀπογινώσκειν, ἑαυτόν 2 ₂₆ 16 ₃ τὴν σω-
  τηρίαν 33 ₉
ἀπόγνωσις 3 ₁₄ 4 ₁₈ 19 ₂₂ 28 ₃₂
ἀπογράφεσθαι med. 3 ₂₇ pass. 25 ₂₆
ἀποδοκιμάζειν 19 ₁₂
ἀποκαθιστάναι, τινὰ τῇ ἐκκλησίᾳ 36 ₁
ἀποκλείειν, τί τινος 28 ₇
ἀποκόπτεσθαι 3 ₁₅
ἀπολαύειν 11 ₁₃
ἀπόλεμος 26 ₁₄
ἀπομιμεῖσθαι, θεόν 24 ₃₃
ἀπόνοια 28 ₃₂
ἀπορεῖν c. gen. 9 ₁₁, ₁₅ absol. 10 ₁₁
ἀπορία 13 ₁
ἀπόρρητον: τὸ τῆς γνώμης ἀ. 6 ₄
ἀποσείεσθαι, τὴν ἀπόγνωσιν 4 ₁₈
ἀποστολικοὶ λόγοι 36 ₁₄
ἀποστρέφεσθαι 19 ₃₂ 25 ₃₀ 36 ₂₃
ἀποτακτέον 12 ₈
ἀποτάσσομαι 18 ₃₄
ἀποταφρεύειν 20 ₁₃
ἀποτέλεσμα 22 ₂₃

INDEX OF GREEK WORDS.

ἀποτίθεσθαι 16 1
ἀποτυφλοῦσθαι, ἀπὸ τῆς τήξεως 31 12
ἀπουσία, ἡ τῆς ὑπηρεσίας 10 12 ἀπολαύει τῆς σῆς ἀ. 11 13
ἀποφαίνειν 24 8
ἀποφορτίζεσθαι τὴν κτῆσιν 10 8
ἄπρακτον ποιεῖν 30 3
ἀπρόθυμος 8 22
ἅπτεσθαι c. dat. congruere 17 12 c. gen. 27 3
ἀπωστέος 12 12
ἀργός 26 25 33 2 ἀ. ζωῆς 7 28
ἄρδην 22 22 29 9
ἁρμόζειν, ὅλας ἐκκλησίας 32 7
ἁρπάζειν, τὸν λόγον apprehendere 17 5
ἄρρητος 18 17 τὸ ἀ. θεοῦ 27 26
ἀρρώστημα: τὰ τῆς ψυχῆς ἀ. 12 16
ἀρτιμαθής 16 1
ἀρχή: τὴν ἀ. adv. 3 31 ἀπὸ τῆς ἀ. εὐθὺς 6 23 ἀ. ζωῆς 6 27 ἡ περὶ ἀρχῶν καὶ θεολογίας ἐξήγησις 21 3
ἀσάλευτος 6 27
ἀσαφῶς 15 33
ἀσελγαίνειν 14 4
ἀσθενικός 14 10
ἀσκεῖν, ἀπάθειαν 16 12 ἀλήθειαν 30 17 τὰ ἔργα 36 15
ἄσκησις 27 20
ἄσκιος 36 10
ἄσπορος 28 10
ἄστεγος 10 27, 36
ἀστεφάνωτος 3 29
ἄστομος 33 7
ἀσχολεῖσθαι 8 21, 24
ἀσχολίαν, ἄγειν 10 15
ἀτελής 7 26
ἀτενής 20 16
ἀτιμάζειν 25 3
ἄτρεπτος 6 26 37 4
ἄτρωτος 20 33
ἀτυφία 13 34
αὐθάδως 3 11
αὐτεξούσιον, τό 8 5 11 21
αὐτόθεν 2 24 34 13
αὐτοψία 28 24
ἀφαιρεῖν 2 3
ἀφανής: τὰ ἀ. τοῦ κόσμου 27 18
ἀφθαρσία: 6 10 15 8 21 28 24 25 οἱ στέφανοι τῆς ἀ. 4 2

ἄφθαρτος 3 23 6 10
ἀφικνεῖσθαι, εἰς κτῆσιν 21 15
ἀφίστασθαι: ἀποστῆναι, τῆς ὁδοῦ 1 12 2 29 κτημάτων 14 32 15 1 τῆς προθυμίας 16 16
ἀφόβως 26 31
ἀφοπλίζεσθαι 26 21
ἀφορᾶν, πρός 25 27
ἀχάριστος 1 4
ἄχθεσθαι c. dat. 8 18
ἀχρεῖος 26 25
ἀχρήματος 2 23 19 7

βάθος, διανοίας 6 2 τῶν λόγων 15 34 ἐν β. γνώμης 27 12
βαπτίζεσθαι: ναῦς βαπτιζομένη 26 19 τοῖς δάκρυσι β. 35 11
βάραθρον: κατὰ τῶν β. φέρεσθαι 33 8
βεβαίως 16 22
βιάζεσθαι abs. 16 18 θεόν 16 21
βιαιότατος 33 13 βιαίως 16 22
βιοτεύειν 10 14
βιοῦν: ὡς οὐ βιωσόμενοι 2 27 οἱ εἰς ἀεὶ βιωσόμενοι 10 6
βιωτικά, τά 12 15
βλακεύειν 16 19
βλαστάνειν, εὐποιΐαν 22 13
βλάσφημος 18 10
βλέμμα 20 16

γείνασθαι 20 26
γένεσις: ἀπὸ γ. 7 7 ἡ ἀκούσιος ἐν πλούτῳ γ. 20 25
γέρας 1 8
γίνεσθαι, ἐν ὑπεροψίᾳ 10 3
γνήσιος, υἱός de Christo 7 5
γνωρίζειν c. acc. agnoscere 34 18
γνώρισμα 36 2
γνῶσις 6 26 13 34 γ. ἀληθείας 4 7
γοήτευμα 15 22
γυμνάσια 3 28 4 5
γυμναστής 4 3
γυμνοῦν, τί τινος 9 27

Δαβίδ 22 26
δαιμόνων βία 26 22
δάκνεσθαι de oculis dictum 31 11
δαμάζεσθαι 26 20
δαψιλής 35 15

δείδειν 3 18
δεξιοῦσθαι 36 10
δευτερεία, τά 22 16
δημιουργεῖσθαι 27 19
Δημόκριτοι homines D. similes 9 21
διαβολικόs 19 14
διάβολοs 26 6 28 9
διαγωνίζεσθαι 18 24
διαδικασία 18 7
διάθεσις 2 18 9 27 12 2 14 19 17 31 διαθέσεις 3 20 4 6 15 7
διαθήκη: ἡ καινὴ δ. 4 5 καινὴ δ. 27 34
δίαιτα 30 14
διακονίαι 26 32
διακονικῶς 8 25
διάκρισις controuersia 24 17
διαλύεσθαι, πρόs τινα 30 20
διάλυσις 17 24
διαμαρτάνειν c. gen. 3 29 περὶ 25 14
διαμαρτυρεῖσθαι 32 16
διαπονεῖν 12 31 διαπονεῖσθαι ἀπάθειαν 16 12
διαπράσσεσθαι, θάνατον 19 27
διαπρεπής 7 16
διασπουδάζειν 16 14
διαταράσσειν 4 22
διατείνεσθαι, τὰ αὐτά 32 16
διατιθέναι 17 16 διατεθῆναι 25 28
διατρέχειν 7 8
διαφανεῖς, λίθοι 24 29
διαφέρειν, εἴς τι 6 1
διαφθείρειν 1 12 διαφθαρῆναι 14 17
διειρῆσθαι 11 28
διεκδύεσθαι 2 25
διερωτᾶν 5 36 6 14
διημαρτημένως, ἀκροᾶσθαι 4 22
διηνεκής 15 7 31 12
δικτύδιον 15 29
διοίγνυσθαι explicari 5 33
διόλλυσθαι: τὰ διολλύμενα τοῦ κόσμου 24 25
δίχα c. gen. 24 16
δόγματα 6 8 36 16 τὰ περὶ χρημάτων 9 6 τοῦ κυρίου 10 21
δοκιμάζειν 25 19
δοκιμασία 19 26
δόξα species προαιρέσεως ἀγαθῆς 8 20 opinio 25 15

δοξάζειν 1 5
δορυφόρος 26 18
δοτήρ, αἰωνίων 6 24
δρόσος, πνεύματος ἁγίου 26 11 30 4
δυσειδής 25 29
δυσείμων 25 28
δύσκτητος 13 17
δυσχεραίνειν 8 18 25 29
δυσωπία 18 2
δωρεά 12 25
δωρεῖσθαι 6 28 pass. 7 5
δωροφορεῖν 1 2

ἐγγράφεσθαι 17 12
ἐγγυᾶσθαι 35 12
ἐγγυητής 36 13
ἐγγυτάτω: οἱ ἐ. γένους 17 27
ἐγκαταθέσθαι, τῇ ψυχῇ 6 23
ἔγκυος, τῶν παθῶν 16 7
ἐγκωμιαστικοί, λόγοι 1 1
ἐθάς, κακῶν 33 3
ἐθέλειν, ζωήν 8 20
εἰκών, θεοῦ 27 16
εἰλικρινής 26 33 31 3
εἶναι: τὸ εἶ. 6 29 v. ὤν
εἰσάγειν, λόγους 4 19
εἰσηγεῖσθαι, μῖσος 17 24 ἀγάπην 22 14
εἰσοικίζεσθαι pass. 20 23 med. εἴς τινα de Deo 29 11
ἕκαστα: παρ' ἕ. 30 6
ἑκασταχοῦ 5 22
ἑκατέρωθεν 18 26
ἐκδεκτέον 11 27
ἐκεῖ: ἡ ἐκεῖ ὁδός 2 29
ἐκκαίειν inflammare 12 7
ἐκκηρύσσειν, ἑαυτὸν c. gen. 3 32
ἐκκόπτειν 18 1 22 21
ἐκκρεμάννυσθαι 2 29
ἐκλεκτός de Petro 17 3 τῶν ἐ. ἐκλεκτότεροι 27 8
ἐκνικᾶν c. acc. rei 30 12
ἐκπορίζειν 10 16
ἐκριζοῦν, τί τινος 29 9
ἐκτελεῖν 8 23 τὸν φόρον 17 4
ἐκτίνειν 18 25 χάριν 21 24
ἐκφέρεσθαι pronuntiari, ἁπλῶς 5 35 ταῖς φωναῖς 17 21
ἐλαύνειν exagitare 19 15 equò uehi 34 13

INDEX OF GREEK WORDS. 59

ἐλευθεροῦσθαι c. gen. 19 32
ἐλλαμπρύνεσθαι 2 15
ἐμβάλλεσθαι, τῇ γνώμῃ τὴν ἐλπίδα 3 27
   τι τῇ ψυχῇ 28 28
ἐμπόδιος c. gen. 18 4
ἐμπορία 24 24
ἔμπυρος, κόλασις 25 20
ἔμφυτος 12 8
ἐναλλάσσει absol. 5 22
ἐνδάκνειν, τὸν χαλινόν 33 8
ἐνδεῖν: οὐδὲν ἐ. 7 19 τὸ ἐνδέον 8 12
ἐνδέχεται impers. 25 14, 19
ἔνδον: τὰ ἐ. κτήματα 26 8
ἐνδόσιμον: τὸ ἐ. λαβεῖν 6 17
ἐνδοτέρω 20 29 ἐ. τοῦ θεοῦ 21 29
ἐνδύειν, ἄνθρωπον 27 30
ἐνέργεια: κατ' ἐ. διαβολικήν 19 14
ἐνεργεῖν: ἡ διάθεσις τὸ αὐτῆς ἐνεργεῖ 12 3
ἐνέχυρον 19 30
ἔννομος 15 15
ἐνοικεῖν, ἔνδον 26 3
ἐνόν absol. 24 8
ἐνοχλεῖσθαι 24 12
ἔνοχος c. dat. 29 9
ἐνταῦθα: ἡ ἐ. ζωή 2 28
ἐντετηκέναι 10 10
ἐντός: ὁ ἐ. πλοῦτος 26 6
ἐνυπάρχειν c. dat. 15 4
ἔξαθλος 30 9
ἐξαιμάσσεσθαι 19 21
ἐξαίρετος 9 23 τὸ τοῦ σωτῆρος ἐ. 8 17 de Petro 17 3
ἐξαιτεῖσθαι 2 10 26 25 35 15
ἐξαπατᾶν 26 5 ἑαυτόν 8 12 ἐξαπατᾶσθαι 26 12
ἐξαργυρίζειν, τὴν οὐσίαν 15 3
ἐξήγησις 3 14 v. ἀρχή
ἐξηγητής 4 20
ἐξίστασθαι: ἐκστῆναι τῆς ὁδοῦ 33 7
ἔξοδος: ἡ ἐντεῦθεν ἐ. 4 9 ἐπὶ τῆς ἐ. 30 19 36 15
ἐξοκέλλειν, πρός 30 8
ἐξομοίωσις 6 31
ἐξορίζειν 9 7
ἐξώλης 34 7
ἐπαίρειν 1 14
ἐπακτός, πόλεμος 19 27

ἐπανάγειν, ἐπ' ἀσφαλές 27 10 ἐπὶ τὴν ἐκκλησίαν 35 15
ἐπανέρχεσθαι 4 12 21 22
ἐπανορθοῦν 36 5
ἐπαντλεῖν 2 1
ἐπαύρασθαι 3 20 29 1
ἐπειδήπερ 33 10
ἐπεκτείνεσθαι 2 19
ἐπεξαμαρτάνειν 36 20
ἐπὶ πολλῷ 1 3 ἐπὶ μεγάλῳ μισθῷ 22 30 ἐπὶ λόγῳ ζωῆς 9 11 penes ἐπὶ τῷ ἀνθρώπῳ, ἐπὶ θεῷ 8 6, 7 οὐκ ἐπὶ τοῖς ἐκτὸς ἡ σωτηρία 13 30
ἐπιβλέπειν c. acc. 37 2
ἐπιβολαί, χειρῶν 26 20
ἐπίβουλος 1 4, 10 τῆς ζωῆς 21 8
ἐπίγειος 3 30
ἐπίγνωσις 6 30
ἐπιδακρύειν 34 5
ἐπιδαψιλεύεσθαι 22 27
ἐπιδεικνύναι 5 23
ἐπίδειξις 36 16
ἐπίδεσμος 22 8
ἐπιδιδόναι, ἑαυτὸν πίστει 20 8 ἑαυτὸν λύτρον 27 33
ἐπιζήμιος: τὰ ἐ. 12 12 θησαυρὸς ἐ. 13 17
ἐπιθαρρεῖν, ὅτι 31 27
ἐπίκηρα, τά 3 23
ἐπινοεῖν 21 27
ἐπίορκος 30 18
ἐπιξενοῦσθαι c. dat. 10 30
ἐπιπνῶς 28 8
ἐπιπολαίως 6 2
ἐπίπροσθεν, τῶν χρημάτων εἶναι 18 31
ἐπίρρητος: τὸ ἐ. τοῦ πλούτου 28 35
ἐπισεσυρμένως 30 10
ἐπίσκοπος 32 6, 11 33 16
ἐπιτάσσειν c. acc. pers. et infin. 22 30
ἐπιτίμιον, τό 25 20
ἐπιτρίβειν 14 17
ἐπιτυγχάνειν 1 12
ἐπιφανής 3 8
ἐπόμνυσθαι, ὡς 35 12
ἐποπτεύειν 27 24
ἐργάτης, νόμου 7 28
ἔργον: οὐδὲν προὔργου 12 4
ἐρευνᾶν 5 27
ἑρμηνεύς 4 19

ἔρως, χρημάτων 7 13 ἔ. κοσμικοί 12 24 ἔ.
    ἄγριοι 19 19
ἔσω, οἱ 5 33
ἑτερόφθαλμος 19 1
ἑτέρωθεν 18 11
ἕτοιμος, κληρονόμος 12 35 λῄσταρχος
    33 12
εὐεκτεῖν 14 9
εὐέλπις 15 35
εὐλόγως 25 19
εὐπείθεια 7 26
εὐποιία 22 13
εὔρωστος 2 17 33 7
εὐσπλαγχνία 4 7
εὐσχημοσύνη 4 5
Ἔφεσος 32 5, 17
ἐχέγγυος 21 14
ἔχειν: οὐκ ἔ. c. infin. 34 3 ὥσπερ εἶχεν
    34 13 ἔχεσθαι τῆς γνώμης 19 4

Ζακχαῖος 10 30
Ζεβεδαῖος: οἱ Ζεβεδαίου παῖδες 19 10
ζέειν: ὀργὴ ζέουσα 7 13
ζηλωτός 9 10
ζωή, ἡ ἐνταῦθα 2 28 de Christo 6 6 ἡ
    ὄντως ζ. 6 34 ἡ ἄνω ζ. 18 4
ζωοποιεῖν 9 23 14 6

ἡδυπάθεια 20 27
ἡλικία 7 15 25 27 35 2 ἀπὸ πρώτης ἡ.
    7 11
ἧλιξ 33 2
ἡμέρα: τὰ ἐφ' ἡμέραν 9 13
ἡμιθνής 22 4
ἡνιγμένως 5 29
ἡττᾶσθαι, τὰ τοιαῦτα 17 2 ὑπό τινος 18 33

θανατηφόρος 2 4 12 17
θανατιῦσθαι 22 19
θεᾶσθαι 27 26
θεοδίδακτος, πλοῦτος 15 24
θεολογία v. ἀρχή
θεοποιός, πλοῦτος 15 5
θεοπρεπής 27 6
θεότης 24 21
θεοφιλής 9 16 25 20 26 16
θεραπεῖαι 26 32
θηλύνεσθαι 27 28

θηρᾶσθαι (Jülicher θεᾶσθαι) 27 26
θήρατρον: τὰ τοῦ κόσμου θ. 13 4
θησαυροί, διττοί 13 10
θραύεσθαι 26 22
θρέμμα, τοῦ διαβόλου 28 9

Ἰάκωβος 19 10
ἰᾶσθαι 18 13 τὰς ψυχάς 2 13
ἴδιος: ἰ. αὐτῶν 8 8 ἰ. τῶν ζώντων 8 14 ἰ.
    θεοῦ 9 22 τὸ ἴδιον proprio sensu 14 29
    -ως 15 26
Ἰεριχώ 22 2
Ἱερουσαλήμ 22 2
ἵλεως: ἰ. τῇ γνώμῃ 12 32
ἴσος: ἐξ ἴσου καθάπερ καί 12 33 ἴσα adv.
    22 33 33 11
ἴχνος: κατ' ἴ. ἕπεσθαι 17 11
Ἰωάννης Apostolus 19 10 28 8 32 2 33 14
    34 3, 18 Baptista 23 33

καθαρεύειν c. gen. 12 18
καθαρότης 14 20
κάθαρσις, ἡ ἀληθινή 37 4
καθειργνύναι c. acc. rei 28 6
καθιέναι, τὸν νοῦν ἐπί 6 3
κάθοδος, ἡ τοῦ σωτῆρος 9 19
καθυπηρετεῖν 11 15
Καΐν 28 9
καινότης: ἡ κ. τῆς χάριτος 7 1
κακοπαθεῖν, περὶ τὴν κτῆσιν 10 17
κακοποιία 18 1
κάμπτειν 20 30
καρτερία 25 8
καταγγέλλειν 10 33
καταγινώσκειν, ἑαυτοῦ θάνατον 29 10 c.
    gen. criminis 30 1
καταδικαστέον 21 8
καταθρασύνεσθαι 3 11
καταισχύνεσθαι c. partic. 36 18
κατακλᾶσθαι, τὴν γνώμην 10 14
κατάληψις 6 26
καταλιμπάνειν 27 34
καταλληλότατος 6 6
καταμανθάνειν 5 28
καταξιοῦσθαι c. gen. 20 27 26 12
καταπλήξ 15 27
καταποντιστέον 21 7
καταρρήγνυσθαι, τὴν ἐσθῆτα 34 9

INDEX OF GREEK WORDS.

κατάστασις 14 19
καταστράπτεσθαι 15 21
καταστροφή: ἡ κ. τοῦ δράματος 30 9
κατατιθέναι, εἰς κοινόν 24 7 τὴν ψυχήν 28 2
καταφιλεῖν 35 14
καταψηφίζεσθαι 29 4
κατελεεῖσθαι 22 6
κατεπᾴδειν 35 17
κατεργάζεσθαι, δοκιμασίαν 19 26
κατέρχεσθαι de Christo 6 11 27 30
κατηφής 15 18
κατιέναι: κατιὼν ὁ λόγος 17 28
κατοικεῖν, ἔν τινι de Deo 27 5
κάτοπτρον 17 15
κατορθοῦσθαι 31 4
καύσων 7 14
κεκολασμένος modestus 14 13
κενοδοξία 9 21 10 4
κεφάλαιον, τῶν δογμάτων 6 7 τὸ κ. adv. 1 9 34 7
κηρύγματα, ἀγγελικά 4 12
κινδυνεύει 2 21
κληρονόμος adj. 27 16
κλῆρος 32 7
κληροῦν 32 8
κλύδων: ὁ κ. τοῦ κόσμου 27 10
κοινωνεῖν pauperibus dare 11 5 24 17
κοινωνία liberalitas 10 19, 35 24 23
κόλαξ 1 2
κορυφαιότατος 6 22
κοσμεῖν, τὴν ψυχήν 17 15
κοσμικός: ἡ κ. περιουσία 12 1 κ. ἔρωτες 12 24
κόσμος ornamentum 4 6
κουφίζεσθαι: ναῦς κ. 26 19
Κράτητες homines C. similes 9 21
κρείττων, ὑπάρχειν τῆς κτήσεως 12 28 τὰ κρείττονα 10 15 ἐλπὶς κρειττόνων 28 10
κρηπίς, ζωῆς 6 27
κρίσις 1 9 ἡ δικαία 10 32
κριτήριον 11 21
κρυπτός: ὁ κ. πατήρ 26 3
κτᾶσθαι, θεόν 6 26
κτήματα, ἐστὶ κτητὰ ὄντα 11 8
κτητέον 21 10
κτητός 11 8 13 20
κτίσις, ἡ καινή de Christo 9 24
κυβερνήτης 20 17 31 7

κυλινδεῖσθαι 1 8
κώλυμα 18 3

λέγεσθαι: τὸ δι' ὃ λέλεκται 21 5 ὁ τοῦ κυρίου λελεγμένος 24 19
λειτουργεῖν 12 26
Λευεί 10 30
Λευίτης 22 5
λήσταρχος 33 12
ληστήριον 33 12
λίθοι, διαφανεῖς 24 29
λιπαρής 2 17
λιτανεία 31 17
λόγιον: τὰ λ. τοῦ κυρίου 3 15
λογισμός mens 12 3
λόγος: τὸ τοῦ λ. 1 16 17 8 λόγον διδόναι ὑπέρ τινος 35 4 ὁ λ. [ἠρώτηται] περὶ τοῦ πατρῴου λ. 6 9
λύειν, τὴν ἁγνείαν 4 18
λυμαίνεσθαι med. 10 7 pass. 19 16
λυσσᾶν 19 19
λύτρωσις 26 13 29 3
λωποδυσία 33 4

μαγεύειν, τὸν πατέρα 31 18
μάθημα: τὰ πρὸς τὴν ζωὴν μ. 6 23
μαθηματικῶς 13 28
μαθητικός: μ. ἄγειν σχολήν 8 26
μακαρίζεσθαι 12 34
μακάριος: ὁ μ. Πέτρος 17 2
μακαριστός 13 22
μακροθυμεῖν 29 25
μανιώδης 19 21
Μάρθα, Μαρία 8 23, 27
Μάρκος: τὸ εὐαγγέλιον τὸ κατὰ Μ. 5 20
Ματθαῖος 10 30
μεγαλεῖος: τὸ μ. 3 32
μεγαλειότης 37 7
μεγαλύνεσθαι 2 5 17 8
μεθορμίζεσθαι 7 23
μεθύων, ταῖς ἐπιθυμίαις 14 11
μειζόνως 33 8
μεταβολή 2 5
μεταίτης c. gen. 9 13
μέταλλον 13 6
μεταφέρειν 14 25
μεταχείρισις 11 22
μετοχετεύειν 2 1

μετρεῖσθαι, πρός τι 27 32
μὴ οὐκ nisi 9 11 cum infin. 10 14
μιαιφονώτατος 33 13
μονή 24 25
μόνιμος 2 19
μῦθος 32 1
μυσταγωγεῖν 3 19
μυστήριον 21 3 ἀνεκλάλητα μ. 27 13 τὰ τῆς ἀγάπης μ. 27 23
μυστική, σοφία 5 25
μύωψ 19 20
Μωσῆς 7 2, 5

ναυλοχεῖν 7 23
νεοτήσιος 7 14
νεύειν, κάτω 13 3
νεῦμα 20 17
νεωλκεῖν, ἑαυτόν 27 10
νεωστί 16 2
νήπια infantes 23 26
νηπιότης 4 22
νηστεία 35 16
νικηφόρος 4 10
νοητός, πλοῦτος 15 24 ν. κτήματα 17 10
νόμιμος: αἱ ν. ἐντολαί 7 9
νομοθεσία, ἡ τοῦ Ἰησοῦ 7 31
νόσημα 2 4 ψυχικὰ ν. 17 11
νοῦς, ὁ κεκρυμμένος 5 27
νύκτωρ 33 4

ξενιτεία 27 17

ὀβολός: τέσσαρες ὀ. 17 7
ὄγκος 2 2
οἰκειότης, ἡ σαρκική 18 5
οἰκείωσις 6 31 25 11
οἰκονομεῖσθαι: τὰ οἰκονομούμενα 12 11
οἰκονομία 27 17
ὀλιγωρεῖν 3 5
ὁλόκληρος 19 1
ὁμοίωσις, θεοῦ 27 15
ὁμονοεῖν 18 5 19 11
ὀνειροπόλημα 19 18
ὁπλίζεσθαι 34 17 metaph. 26 16
ὄργανον 11 11, 14
ὀρέγειν, φῶς 36 10 ὀρέγεσθαι, τῶν πλειόνων 19 19

ὄρεξις 10 9
ὁρίζειν 12 30 24 23
ὅρμος 20 19
ὅρος: ἐπὶ τῷ αὐτῷ ὅ. 17 31
οὐδενία, τῶν μελῶν 14 6
οὐσία, ἡ φανερά 15 3

παγκτησία 19 31
παίγνιον, χρόνου 24 31
παιδαγωγία 7 29
παιδεύειν 6 11
παίδευμα 18 24
παιδευτήριον 26 2
παῖς: θεὸς π. 26 10
παλιγγενεσία 36 2
πανήγυρις 24 27
παντάπασιν 29 5
παραβολικῶς 15 32
παράγγελμα: τὸ π. τῆς ζωῆς 8 18
παράδειγμα 36 2
παραδύεσθαι 12 22 21 29
παραιτεῖσθαι c. acc. rei 11 32 31 16 absol. 34 15
παρακαταθήκη 33 16
παρακατατίθεσθαι 32 13 33 17
παρακεῖσθαι suppetere 11 10
παράκλητος 19 34
παραμετρεῖσθαι 19 28
παραμυθεῖσθαι 26 26
παραπολλύναι 10 2
παραρρεῖν: τὰ παραρρέοντα 28 6
παραταράσσεσθαι 8 24
παραφυλακή 32 20
παρεγγυᾶν 9 25
πάρεργον, σεισμοῦ 24 31
παροδεύεσθαι 22 4
πάροδος, ἡ εἰς κόσμον 26 1
παροίχεσθαι: τὰ παρῳχημένα 30 1
παρορᾶσθαι 22 5
παρρησία: π. ἄγειν 7 20 μετὰ παρρησίας 26 29
παρρησιάζεσθαι 31 8, 13
πᾶς: ἐκ παντὸς omnino 21 11
Πάτμος 32 4
πατρίς 9 18 ἡ ἄνω 4 11
πατρῷος, λόγος 6 9
Παῦλος 28 14
πεδᾶν 13 4

INDEX OF GREEK WORDS. 63

πείραν, θανάτου λαμβάνειν 18 22
πέτανος: φρόνημα π. 7 15
πεπεισμένος absol. 14 12 c. infin. 27 2
περιάγειν 19 25 -εσθαι 15 20
περιάπτειν 1 7
περιβάλλεσθαι med., περιβολήν 3 30 δόξαν 8 21 pass. σχῆμα περιβεβλημένον 25 30
περίβλητος 13 20
περιγίνεσθαι 3 22
περιγράφειν 12 30
περιδεής 15 27
περιέλκεσθαι uexari 8 24
περιέπειν 23 7
περιέχεσθαι c. gen. 16 4
περικεῖσθαι, προσηγορίαν 27 7
περικόπτειν 2 3 π. ἑαυτόν c. gen. 12 7
περιλαμβάνειν amplecti 35 9
περιμένειν c. infin. 24 12, 21 c. acc. pers. 29 25
περιουσία 12 34 diuitiae 1 10 ἡ κοσμικὴ π. 12 1
περιπετής c. dat. 29 3
περιπίπτειν c. dat. pers. 25 18
περίστασις, ἀκούσιος 29 2
περιτειχίζεσθαι 26 11
περιφέρειν 12 29
περιφρόνησις 10 4
Πέτρος 17 3 19 9
πιέζειν, λογισμόν 12 3
πίστις: πρὸ τῆς π. ante quam credidit 20 21
πλείων: τὸ π. βλέπειν 13 3
πλήρωμα 28 26 π. νόμου Χριστός 7 32
πλησιόχωρος: τὰ π. 32 5
ποιεῖσθαι, πᾶν ἑαυτοῦ 23 9
πολιός: τὴν γνώμην πολιώτερος 7 17
πολιτεία 2 18 30 11
πολυέλεος 29 24
πολυκτήμων 20 7
πολυπραγμονεῖν 3 1
πολυπραγμοσύνη 8 29
πολύσπλαγχνος 29 24
πολυτελής 33 3
πολύχους 20 5
πολυχρήματος 15 14 16 4
πόμα, ἀθανασίας 18 22
πρεσβεύειν 31 17
πρεσβύτερος: φρόνημα π. τοῦ χρόνου

7 15 π. τι ἄγειν 21 24 = ἐπίσκοπος 32 17
πρεσβύτης 34 5
προαγαπᾶσθαι 21 23
προαίρεσις, ἀγαθή 8 20 προαιρέσει 36 6
προαμαρτάνειν: τὰ προημαρτημένα 18 25 30 5
προαπαντᾶν 36 10
προβάλλεσθαι abicere 17 28
προγίνεσθαι: τὰ προγεγενημένα 29 28
προδεικνύναι 3 19
πρόδηλος, πλοῦτος 15 22
προειδέναι 6 13
προΐεσθαι dare 25 21
προκαθέζεσθαι, ἐκκλησίας 33 17
προκαταλαμβάνειν 34 8
προκεῖσθαι 19 20 20 9
προκρίνειν, τί τινος 16 5
πρόξενος, θανάτου 20 29
προορίζεσθαι med. 21 34
προπαιδεία 7 30
προπίπτειν 37 1
προπονεῖν: τὰ προπεπονημένα 9 3
πρόρριζα 9 28 22 22
πρός: ὁ π. αἵματος 17 27 21 34 ἀδελφοί οἱ π. αἵματος 19 30
προσαγορεύειν 3 2
προσαγωγή, ἡ τῆς ἐλπίδος 4 16
προσανατιθέναι 2 2
προσαποδιδόναι 30 17
προσβολή, ληστῶν 26 21
προσδεῖ, ζωῆς 7 19
προσδιαλέγεσθαι 8 5 21 32
προσεθίζεσθαι 33 6
προσεκπλήσσειν 1 13
προσεπιτείνειν 10 3
προσέχειν τὴν γνώμην 20 20
προσηγορία 27 7
προσήλυτος 21 35
προσθήκη 10 35
προσίεσθαι 36 17
προσκαθέζεσθαι, τῇ χάριτι 8 30
προσοχή 30 14
προσποιεῖσθαι 1 3
πρόσταγμα 26 22
προστετηκέναι 8 30
προστιθέναι 8 16, 31
προσυπισχνεῖσθαι pass. 22 9

προσφθείρεσθαι c. dat. 33 2
προτιμᾶν 31 20 36 22
προτρέπεσθαι, τινὰ εἴς τι 9 1
πρόφασις 26 1
προφήτης: ὁ π. προφητῶν 6 15
προφητικός 6 16
προχείρως 2 24 9 4
προχωρεῖν 7 31
πρύτανις 20 1
πρωτεῖα, τά 22 15
πταίειν: τὰ ἐπταισμένα 28 31
πταῖσμα 36 5
πτοία 9 8
πτῶσις 2 6
πῦρ ἐπὶ πῦρ μετοχετεύειν 1 16
πυροῦσθαι 30 15
πύρωσις 19 25

ῥέπειν 20 7
ῥήσεις, τῶν λόγων 35 16
ῥητά, τά 4 21
ῥυθμίζειν, τὴν ψυχήν 17 15

σαλεύειν ad ancoram consistere 7 22
σάλπιγξ, ἐσχάτη 4 8
Σαμαρείτης 22 5
σαρκικός 18 5
σάρκινος 15 11 -ως 5 25 13 30
σαρκίον 26 7
σαφηνισμός 20 5
σεισμός 24 31
σημαίνεσθαι 9 26
σημεῖον, τό crux Christi 7 7
σκαιῶς 13 29
σκαφίδιον 15 30
σκεπάζειν, γυμνόν 10 27 τὰ ἐσκεπασμένα c. dat. 6 1
σκίρτημα, νεοτήσιον 7 14
σκυλεύεσθαι 26 22
σμάραγδος 24 29
σοβαρός 31 5
σοφία 16 12 θεία 5 25 νεκρά 9 20
σπαθᾶν 10 11
σπέρμα, τῆς ζωῆς 9 10 τὸ σ. de Christianis 27 15, 21 σ. τοῦ Καΐν 28 9
σπλάγχνον 22 27 28 10 31 19 τὰ σ. ἀνοιγνύναι 25 26

στάδιον 4 9
στρατιά 36 19
στρατιωτικόν 34 9
στύφειν absol. metaph. 31 8
συγκεντεῖσθαι telis confodi 22 3
συγκροτεῖν, ληστήριον 33 12
συγχωρεῖν c. acc. 11 23 absol. 17 1
συζῆν 10 10 36 14
συκοφαντεῖσθαι, χρήματα 34 2
συλλογή, κακίας 14 21
συμβάλλειν, τὸν λόγον interpretari 17 5 -εσθαι 4 14
συμμετρεῖσθαι 2 18
συμπάθεια 9 8
συμπαθής: τὸ εἰς ἡμᾶς σ. θεοῦ 27 27 -ῶς 26 27
συμπολιτεύεσθαι, θεῷ 20 32
συμφέρεσθαι 18 4
συμφωνία 5 23
συνάγεσθαι 27 21
συναγωνίζεσθαι 35 16
συναδικεῖν 18 9
συναιρεσθαι 2 9
συνειδέναι, ἑαυτοῖς 15 35
συνειδός, τό 4 10
συνεπάγειν 33 5
συνεπιπνεῖν 16 16
συνέχειν secum habere 32 18 -εσθαι constare 27 21
συνήγορος 19 34
συνήθης 31 18
συνθήκη 28 4
σύνθημα tessera 20 18
σύνοικος 25 1
συνουσία, ἡ τῆς μετανοίας 10 13 σ. μακρά 25 7
σύντονος: προστάγματα σ. 26 23
σύντροφος: ἐπιθυμίαι σ. 12 4 τὰ σ. 18 2 πάθη σ. 31 1
συνωφελεῖν 12 10
συσκευάζεσθαι 22 7
συσταλῆναι contrahi 16 17
σφαλερός 2 4 -ῶς 7 22
σφραγίς baptisma 29 3 33 1
σχῆμα 25 30 26 5
σχολή, μαθητική 8 27 ἡ εἰς λόγους 9 20

ταμίας, ζωῆς αἰωνίου 6 20

INDEX OF GREEK WORDS.

ταμιεύεσθαι 28 6
τάξις: ἡ τ. τῆς ζωῆς 15 18
τελευτᾶν mori 32 4
τέλος: τὸ τ. αὐτὸ τῆς σωτηρίας 5 36
τετρωμέναι, ψυχαί 22 26
τεχνικός, -ῶς 11 12
τὴν ἄλλως 9 11
τῆξις 31 13
τοῦτο μὲν...τοῦτο δέ 2 10, 12
τρισάσμενος 29 7
πρόπαιον 36 3
τρόπος: ὅνπερ τρόπον ἔχει 3 22 κατὰ τὸν αὐτὸν τ. 14 27 κατὰ τρόπον rite 15 14
τροφεύς 18 21
τροφή 4 4 οἰκεία τ. πυρός 24 30 τροφαί 3 28
τρυφή, ἡ ἐνταῦθα 36 21
τύραννος 24 31 32 3
τῦφος 2 1

ὕβρισμα, τυράννου 24 31
ὑγεία 22 28 31 11
ὕλη materia 11 10 12 2 ἡ ὑ. τῆς κακίας 12 8
ὑπεῖναι: τὰ ὑπόντα πάθη 9 28
ὑπεράγαν: ἡ ὑ. ἐπιθυμία 9 8
ὑπερασπάζεσθαι 7 25
ὑπερβάλλειν: ἡ ὑπερβάλλουσα τῆς φρονήσεως ὑπερβολή 5 32
ὑπερεπιθυμεῖν 16 14
ὑπερηφανεῖν 27 13
ὑπερκόσμιος 18 14
ὑπέρλαμπρος 7 12
ὑπέρογκα, τά 8 16
ὑπερόπτως 25 27
ὑπερουράνιος: ὑ. διανοίας βάθος 6 2 ὑ. παιδεύματα 18 23 ὑ. ἄμπελος 28 12
ὑπεροψία 10 3
ὑπερσπουδάζειν 8 8
ὑπερφρονεῖν 1 16
ὑπέχειν, τὰ ὠτα 36 15
ὑπηρέτης ἀδικίας de pecunia 11 16
ὑπηρετικός: τὰ ὑ. 12 7 τὰ ὑ. σκαφίδια 15 30
ὑποβάλλεσθαι, καθάπερ ὕλη τις 11 10
ὑπογράφειν, ἐλπίδα τινί 21 13
ὑπόθεσις, ἡ τοῦ εὐαγγελίου 6 12

B.

ὑποκεῖσθαι 1 9
ὑποκύπτειν, ταῖς ἐντολαῖς 20 14
ὑπολείπειν 2 28
ὑπόνοια 20 5
ὑποπίπτειν 3 12
ὑποσημαίνειν 4 8
ὑποφέρεσθαι 29 4
ὑστερεῖν c. gen. carere 10 29 11 12
ὑψοῦσθαι 2 4

φαιδρός 36 8
φαινόμενον, τό 9 25 21 4
φειδόμενον, ὡς (Segaar φειδομένως) 24 15
φέρε 21 12
φθάνειν c. infin. 30 20
φιλαλήθως καὶ φιλαδέλφως 3 10
φιλανθρωπία, ἡ τοῦ θεοῦ 3 33
φιλανθρωπότερος 2 7
φιλοδωρία 24 20
φιλοκέρδεια 3 13 19 14
φίλτατοι, οἱ 17 24
φλέγεσθαι 19 20
φλεγμαίνειν 12 3
φορεῖν 13 7
φορτίον 2 2
φράζειν: φράσον absol. 18 31
φρυάσεσθαι 8 16
φυλακτήριον 32 20
φυλάσσεσθαι, μνήμῃ 32 3
φωτίζειν 2 13 baptizare 32 19

χαρίζεσθαι: τὰ ἀχάριστα 1 4 τῷ κόσμῳ πάντα 2 27 δεομένοις 4 17 πτωχοῖς 9 18 absol. 16 18
χαυνοῦν 1 11
χορηγός adj. ζωῆς αἰωνίου 15 6 θανάτου 20 28
χρεία 33 14 ratio pecuniae utendae 10 34 αἱ χ. quae opus sunt 11 1 c. gen. opus est 30 14
χρήματά ἐστι χρήσιμα ὄντα 11 8
χρῆσις, ἡ ἀμείνων 11 24
χωρεῖν c. acc. 8 14
χωρίον in libro 24 19

ψευδομάρτυς 30 17
ψευδώνυμος 14 28

5

ψῆφος 18 27
ψιλός 22 22
ψυχικός: τὰ ψ. πάθη 11 28 ψ. νοσήματα
  17 10

ὠδίνειν 12 23

ὠκύμορος 20 2
ὤν: ὁ ὄντως ὢν καὶ τὰ ὄντα δωρούμενος
  6 28
ὠνεῖσθαι 24 24
ὥρα: πρὸ ὥρας 33 1
ὡς ἄν c. partic. ut qui 15 26

www.ingramcontent.com/pod-product-compliance
Lightning Source LLC
Chambersburg PA
CBHW070936160426
43193CB00011B/1703